普通高等教育经济管理类“十二五”规划教材



# 管理学实训指导

GUANLIXUE SHIXUN ZHIDAO

姬定中◎主　编
李　浩　樊智勇◎副主编

西南交通大学出版社
·成　都·

**图书在版编目（CIP）数据**

管理学实训指导 / 姬定中主编. —成都：西南交通大学出版社，2012.2（2014.10 重印）
普通高等教育经济管理类“十二五”规划教材
ISBN 978-7-5643-1663-1

Ⅰ. ①管… Ⅱ. ①姬… Ⅲ. ①管理学－高等学校－教学参考资料 Ⅳ. ①C93

中国版本图书馆 CIP 数据核字（2012）第 010068 号

普通高等教育经济管理类“十二五”规划教材

**管理学实训指导**

姬定中　主编

| | |
|---|---|
| 责任编辑 | 邹　蕊 |
| 封面设计 | 墨创文化 |
| 出版发行 | 西南交通大学出版社<br>（四川省成都市金牛区交大路 146 号） |
| 发行部电话 | 028-87600564　87600533 |
| 邮　　编 | 610031 |
| 网　　址 | http: //www.xnjdcbs.com |
| 印　　刷 | 成都蜀通印务有限责任公司 |
| 成品尺寸 | 146 mm×208 mm |
| 印　　张 | 4.75 |
| 字　　数 | 123 千字 |
| 版　　次 | 2012 年 2 月第 1 版 |
| 印　　次 | 2014 年 10 月第 2 次 |
| 书　　号 | ISBN 978-7-5643-1663-1 |
| 定　　价 | 12.50 元 |

# 前　言

管理学是管理类各专业均需开设的一门学科基础课。由于抽象的管理理论和复杂的管理现实之间的距离，从实践的角度来验证理论并非易事。《管理学实训指导》是为应用型本科院校专门设计的实训教材。它以管理的四大职能为主线，通过小组展示、案例分享、情景模拟、管理游戏、角色扮演、专题辩论等多种实训教学形式，使学员在“玩中学”和“学中玩”，从而在潜移默化中培育管理素养，形成管理思维。

本实训指导书，每章基本内容包括展示要求、互动环节，而互动环节又包括管理案例、情景剧、游戏和情景模拟等。本书的突出特色是：

（1）和小班讨论课（tutorial）完全兼容。tutorial是西方工商管理教育的主流教学模式，本书的出发点是基于seminar room的平台，学生从中独立选择材料，设计实训课内容，充分体现“我的课堂我做主”，让学生在学的过程中，能“身临其境”，体会“管理就这么简单”。

（2）精选案例材料。案例教学法是经过实践验证的理论联系实际的好方法，特别适用于管理类课堂。但案例选择不当，太长、太短或难以理解，都会大大影响实训课的效果。因此我们选择的案例，都是从学员的角度出发，以经典、易读、没有明确的标准答案、实践性为依据，海量精选而成。

（3）独特的评价体系。我们的评价体系并不复杂，但每个环节都有各自的量化标准，能全方位评价学生的参与度和对实训课堂的贡献。

（4）可以和所有管理学教材对接。由于本书紧紧围绕管理学的四大职能来设计实训模块，所以具有较高的通用性，可以作为各高校管理学课程实训的配套教材。

通过近 5 年的探索，我们的实训体系及配套教材已经日趋成熟，这一新的实训模式已在我校推广，部分兄弟院校试用后也给予了高度评价。可以预计，这套实训教材将使教师的实训工作和学生的实训任务更加轻松、更加富有成效。

本书由姬定中担任主编，李浩、樊智勇担任副主编，具体编写分工如下：姬定中编写第一章、第二章；王阳编写第三章和第四章；范荣华编写第五章和第六章；樊智勇编写第七章和第八章；王冰编写第九章和第十章；李浩编写第十一章和第十二章；牛军科编写第十三章。姬定中承担了全部章节的统稿工作。

本书在编写过程中，参考了近年来出版的有关论著，在此一并向相关作者表示衷心的感谢。同时，感谢南阳理工学院经济与管理学院的大力支持。由于编者水平有限，不足之处在所难免，敬祈读者不吝指正。

编　者

2012 年 1 月

# 目 录

# 第一章　管理学实训课程说明

管理学课程由于其内容体系的庞杂性、教学效果要求的实践性等特性，使学员在传统课堂教学中很难准确地理解和把握。因此，强化并创新实践教学环节，对于以重视应用性、权变性为特征的管理学课程的教与学具有突出的意义。为了培养学员的自学能力、动手能力、合作能力及表达能力，特别是掌握学员基础知识掌握的扎实性，我们借鉴国外工商管理教育的普遍做法，在“管理学”中引入实训课（tutorial）的形式，通过参与式、互动式教学，构筑课堂内外实践教学体系。这样，结合该课程的教学内容及进程，通过模拟实践活动，使学员对实际管理过程有更深刻的体验。

我们的课程设计思想是：以培养职业管理者为主要目标，针对管理学的核心知识点，通过小组展示、案例分享、情景模拟、管理游戏、角色扮演、专题辩论等多种实训教学形式，为学员们创设逼真和有趣的管理情景，使他们养成“在职”思考的习惯，能够用基本的概念和理论来解决实际问题，从而使学员获得未来企业环境中所必需的知识结构和管理技能，培养学员分析解决问题的综合管理能力、创新能力与协作精神。

## 一、实训课概述

我们将课时分为正课或大课（lecture）和实训课（tutorial），

学时比例为 4∶1。即平均每两次正课后安排一次实训课，以便帮助学员更好地巩固知识。正课基本上就是课堂讲授，一般由高级职称的老师讲授，他们都是管理领域的学者和专家，他们在讲授最基本的课程知识的时候，常常会穿插其最新的研究成果或实践经验。正因为这些成果或经验与课堂理论联系紧密，所以，学员不会觉得那些高端理论离自己很远。而实训课则以指导为主，帮助学员们理解和消化老师在正课上教授的内容。

实训课每周 1 个学时，由一位指导老师（tutor）组织，学员数量为 18～22 人。每次实训课都是围绕特定的主题，让学员自主进行展示（presentation）和案例讨论（case study）或其他互动游戏，让学员深入理解教学内容，从而巩固对知识的掌握。指导老师一般包括主讲教师与助教，在讨论中引导、协调和激发大家的讨论，鼓励大家积极发言，当然这是要点名和算出勤分的。在理论课上，由于人数较多，一般不会点名，所以点名和平时分就放到了实训课中。

经过三年的实践，学员们认为我们的实训课是比较有效和实用的，是一种重要的学习知识和掌握技能的方法，实训课在管理学课程中的应用促进了学员对相关内容的理解和掌握，非常受学员欢迎。因为正课的教学师生互动效果较差，学员即使不听讲，也能在课件里找到教师讲的内容，在网上也可以查看、下载和打印；而实训课，是对正课的实践与深化，是完全高度的互动，是完全自主的学习。

## 二、实训课的目的

(1) 展示学员对正课内容的理解。在实训课上，学员基本扮演了教师的角色，必须参阅大量的参考资料后总结出自己的观点，必须指出自己的资料来源，同时学员要清晰简洁地表达主要观点，抓住观众的注意力。这些都需要学生对正课的内容有深刻的理解才能做到。

(2) 培养和锻炼学员运用管理知识分析问题和解决问题的能力。在互动环节，学员可以选择案例分析、情景剧、角色模拟、拓展训练、管理游戏、知识竞赛和辩论等形式，将“教、学、做”融为一体，通过参与式、互动式教学，启发学员灵活运用管理知识，解决实际问题。

(3) 学员可以在“玩中学”，表现自我。享受实训课是我们的目标，为了达到这一目标，学员需要彻底放松，适当通过管理游戏、视频节目、故事或小品等形式，让大家参与表演，使每个学员不断地表现自己，最终达到善于表达自己。

(4)“我的课堂我做主”，倡导独立化、个性化的学习。为了准备实训课，学员要花相当多的时间阅读、查资料、选择互动节目。为了使自己的课堂与众不同，学员需要创造性地设计实训课。在传统的教学模式中，我们的学员每天课程排得很满，每一堂课又被老师讲得很满，学员没有思考和阅读时间，时间久了也就没有独立思考和阅读的习惯，自然也不会进行创新。而实训课给学员打开了“另一扇窗”，通过练习和讨论引发深入的思考，进而创造性地解决问题，这是对传统教学模式的一种彻底的颠覆，对学员素质的提升具有深远的影响。

## 三、实训课的组织方式及实施过程

在小组成员相互介绍的基础上，将小组成员分成与实训课主题相同多的小分组，每组分 2～3 人，以自由结合、男女互补为原则，进行小分组名字登记。每个小分组自发形成一名小组长，负责协调本组展示活动以及鼓励小组成员参与其他小组展示活动。小组派代表抽签确定每个小组展示的顺序与内容。

### （一）实训的基本方式

管理学实训时间共为 50 分钟。

第一阶段：陈述环节，时间为 15 分钟左右。

紧扣本展示理论环节内容，简练生动地陈述，可结合脑图[①]，对进行本章知识系统个人整理。目的在于通过本小组的短暂陈述帮助大家生动、清晰地回忆展示部分所涵盖的知识内容。要陈述理论课教师讲的内容，不一定照搬教材。另可加入小游戏 5 分钟表演展示。

第二阶段：互动环节，时间 30 分钟左右。

在本环节中结合课堂上教师讲授的内容，可进行各种形式的参与式、交互式教学，具体有案例分析、情景剧、角色模拟、拓展训练、管理游戏、知识竞赛和辩论等形式，这是管理课程实践教学极为重要的组成部分。通过参与式、互动式教学，将管理实践活动搬进教室，让学员身临其境、“心”临其境，亲身体验管理技巧的运用，加强管理技能的锻炼，从中学习和运用管理知识及管理方法，从而提高学员的管理素质和管理能力。

第三阶段：总结环节，时间 5 分钟左右。

上面的环节结束后可由展示小组成员对本次活动进行总结，也可以邀请老师进行补充总结。本环节的目的主要是帮助学员们认识自己的同时也为下一个小组提供借鉴。

第四阶段：书面活动描述和反馈，课外进行。

在本小组实训全部进行完之后，需要用 1 500～2 000 字进行书面反馈总结。

---

① 图是表达发射性思维的有效的图形思维工具，它简单却又极其有效，是一种革命性的思维工具。脑图运用图文并重的技巧，把各级主题的关系用相互隶属与相关的层级图表现出来，把主题关键词与图像、颜色等建立记忆链接，脑图充分运用左右脑的机能，利用记忆、阅读、思维的规律，协助人们在科学与艺术、逻辑与想象之间平衡发展，从而开启人类大脑的无限潜能。

## （二）实训的具体实施

第一阶段：陈述环节。

本环节是学员对所选展示主题做理论上的概述和总结，内容上也可有所拓展，但不要脱离本主题的知识框架。这里要求学员用事先做好的挂图或利用多媒体课件来展示其要陈述的内容。

第二阶段：互动环节。

不管是以何种形式进行本环节，在展示前都需要与指导老师沟通，所选材料由老师推荐和自己搜集相结合，优中选优。本环节以展示小组成员为“主持人”，吸引其他小组成员积极参与，引导讨论时要求表明观点、层层深入，见解犀利独到，启发创新，使理论知识与具体案例分析有机结合。也可以增加辅助阶段，可以用管理游戏以及其他表现、表演形式，但不要脱离本环节知识内容，目的是增加本次展示活动的趣味性、生动性。

本环节要求展示小组提前布置准备，比如打扫卫生、挂图的使用、桌子的科学摆放以及其他道具的使用摆、挂、调试等；要求每个小组在展示课前认真准备“剧本”——展示大纲，展示过程要注意对排练内容的表演，选择好“角色”，认真排练，甚至多次排练，内容紧扣展示要求，注意程序的连贯性，做到环环相扣，同时要注意每次展示的启发“亮点”，确保每次展示成功；同时允许展示小组邀请其他小组成员参与本小组的展示辅助工作。在这一节课要注意时间的控制，过长或者过短的展示都不符合要求，这一项很关键。最后，还要对展示过程进行记录，为课后写总结提供原始材料。

第三阶段：总结环节。

教师对案例的总结重点要放在引导学员寻找正确的分析思路和对关键点的多视角观察上，而不是用自己的观点影响学员，不要对结果或争论下结论，而是对学员们的分析进行归纳、拓展和升华。同时该环节也是对小组整体活动的评价，包括活动本身内容、形式上的优点、不足和建议等。

第四阶段：书面活动描述和反馈（write-up）。

本环节是以书面的形式对本次活动进行反馈和总结，内容包括展示的主题、目的、材料和过程描述等。具体要求如附录所示。

# 第二章　管理学实训模块

## 一、小组陈述

### （一）小组陈述简介

小组陈述是管理学实训课的第一个必要环节，它是按照管理学实训课分组确定的理论版块，通过小组精心准备，向其他小组陈述所学习的管理学理论知识体系，使学员进一步熟悉并掌握课堂所学的管理学基本理论，并为实训课的其他环节奠定扎实的理论知识基础。

### （二）小组陈述的目的

（1）培养学员总结归纳能力。每一小组所负责版块的理论知识部分内容是极其丰富的，而小组陈述的时间是有限的，这就需要学员具有很强的总结归纳能力，对理论知识进行总结归纳，从而确定各自的陈述要点。

（2）培养学员时间管理能力。学员陈述部分的理论教学主讲教师要进行 100 分钟的课堂讲授，而每一小组的陈述时间只有 20 分钟，分配给个人只有不到 10 分钟，这就需要学员具有很强的时间管理能力。

（3）培养学员的团队合作能力。小组陈述环节要求小组成员必须分工合作，对所学知识进行全面完整的回顾，因而就需要小组成员分工合作，培养他们的团队管理能力。

### （三）陈述内容及要求

（1）内容完整。陈述内容要涵盖理论知识的主要知识点，但避免面面俱到，要具有较强的逻辑性，有过渡和总结。

（2）有辅助工具。要制作陈述挂图或多媒体课件等辅助工具，以达到更好的陈述效果。

（3）语言生动、简练。理论知识是枯燥的，同时其他学员都已听取了主讲教师的讲解，为提高陈述效果，引起学员兴趣，要求语言生动简练。

（4）理论联系实际，最好穿插小案例。

（5）鼓励创新。鼓励打破传统的授课模式，最好有别于教师的讲授方法。

### （四）小组陈述的主要环节

（1）复习所学知识，掌握理论体系，提炼陈述要点。

（2）小组分工，平衡组员陈述内容。

（3）准备并演练陈述内容。

（4）课堂陈述，灵活应对。

（5）总结归纳，内化提升。

### （五）小组陈述的注意事项

（1）在陈述中可结合板书、PPT 和挂图等脱稿讲解，学员们在课前准备陈述大纲并熟练掌握。

（2）在陈述中要注意利用语气语调、肢体语言等增加陈述效果，同时要关注学员们的状态，结合具体情境灵活引导。

（3）小组学员要做好均匀分工，使小组成员均匀参与。还要注意本部分与后续互动环节的衔接。

## 二、情景模拟

### （一）情景模拟简介

情景模拟有时也称为角色模拟，它是一种将角色扮演、对话练习和情景再现融为一体的、能够将学习和兴趣结合起来的仿真模拟演习教学方法，具有仿真性、参与性、互动性等特点，可充分激发学员学习的热情和积极性,增强学员的角色情感和责任感,提高学员交流与合作、随机应变等能力。实践中常见的情景模拟形式有角色扮演、访谈等。

### （二）情景模拟的目的

（1）使课堂气氛和谐融洽，有利于培养学员的发散性思维。发散性思维的养成必须有一个平等、和谐、融洽的课堂氛围。情景模拟为培养学员的发散性思维创造了前提条件。

（2）情景模拟能较好地体现研究型学习模式的要求，充分发挥学员的主体性。研究型学习模式要求在教学过程中，紧紧把握以学员为主体，使被动的接受式教学变为主动的探究性学习，让学员自主学习，分析、整合各种材料信息，通过自身的探究得出结论，将知识内化。而角色模拟让学员在深刻理解教材的基础上或体验现实生活或体验某个角色，身临其境，获得真实感受，充分发挥了学员的主体性。通过角色模拟避免了传统的填鸭式教学中教师教得累、学员学得更累的状况，在学员自主理解、分析的基础上，教师稍加点拨，就能深刻掌握管理学的相关知识。

（3）情景模拟有利于培养学员的知识迁移能力。角色模拟让学员模拟现实生活的典型场景及其相关人员的言行，能给人以真实感、形象性，使学员觉得管理学不是空洞的理论说教，而是与现实生活息息相关的有实用价值的课程，并能用所学的知识去解决实际问题，实现知识的迁移，学以致用。

### （三）情景模拟的设计要求

（1）与理论知识高度相关。情景设计必须是依据所学习的理论知识模块设计情景蓝本，如主讲部分是决策，则设计决策模拟，例如学校要新建一个澡堂，对此进行决策模拟；在人力资源管理模块可设计招聘模拟等。

（2）情景设计要有一定的区分度。区分度指的是角色个性或职责等具有鲜明特点，如在招聘中有应聘者、招聘方、人力资源专家顾问等。

（3）情景设计要力求真实可信，接近实际。情景模拟尽可能是管理实践中的某一场景，如，假如你是某超市的总经理，一天收银员正和一顾客就是否找错钱发生纠纷，引得众人围观，你正好经过，该如何处理？

### （四）情景模拟的主要环节

（1）合理选取主题。按照角色模拟的设计要求选择合适的主题。

（2）虚拟工作情境。在精心选取内容，合理确定主题的基础上，从所需要解决的问题出发，仔细分析解决这一问题包括几个环节，以环节为单位创设情境。在具体操作上采取两种方法：一是再现生活原景，把学员带至“实实在在”的工作环境中；二是利用多媒体手段演示问题情景并实现互动。

（3）生动演示训练。情境创设后，指定学员合理搭配，让他们设身处地地站在相应角色的立场上展开联想，自主提出问题、分析问题、解决问题，从中激发思维，启发思路。

（4）科学点评升华。演示训练结束后，对演示活动进行点评，畅谈处理问题中的得与失、收获与体会。

### （五）情景模拟过程应注意的问题

（1）一定要进行彩排。

（2）一定要进入角色。
（3）务必运用所学习的理论知识。
（4）注意调动气氛。

## 三、辩论赛

### （一）辩论赛简介

辩论赛是参赛双方就某一问题进行辩论的一种竞赛活动，实际上是围绕辩论的问题而展开的一种知识的竞赛，思维反映能力的竞赛，语言表达能力的竞赛，也是综合能力的竞赛。

### （二）辩论赛的目的

（1）高学员语言表达能力。
（2）加深学员对知识理解的深度和广度。
（3）提高学员运用知识的应变能力。
（4）提高学员快速分析问题、解决问题的能力。

### （三）辩题的设计要求

（1）与理论知识高度相关，必须依据所学习的理论知识模块设计辩论蓝本。
（2）辩题要有可辩性。
（3）辩题要有现实性。
（4）学员比较熟悉。

### （四）辩论赛的主要环节

（1）合理选取主题，按照辩题的设计要求选择合适的主题。
（2）确定参赛者及各方观点宣布比赛规则。

（3）按照规则进行辩论。

（4）科学点评升华并评判优胜者。比赛结束后，对比赛进行点评，畅谈处理问题中的得与失、收获与体会，评判优胜者并颁奖。

### （五）辩论赛应注意的问题

（1）辩题一定要和所学的知识相关，并且是中性的。

（2）反双方一定进行充分的知识准备。

（3）相互尊重对手，避免人身攻击。

（4）要注意知识性和趣味性的合理结合。

## 四、案例分析

### （一）案例分析简介

案例分析是管理学教学中理论联系实际的特色形式之一，是让学习者在逼真的模拟情景中体验管理实践，因而对提高运用理论知识的管理能力特别有效。一般要求所选案例，均是较为典型的、具有讨论与研究余地的。

在实训课上进行案例分析时，应提前 3 天发给每个小组和指导老师，可由学员先独立分析，后分小组讨论，最后到课堂上全组讨论。教师的指导重点要放在引导学员寻找正确的分析思路和对关键点的多视角观察上，而不是用自己的观点影响学员。

### （二）案例教学目的

案例教学的目的主要在于培养学员的独立工作能力。这个工作能力有着广泛的内涵，包括以下四个方面：

（1）培养学员的自学能力（快速阅读、做札记、抓要点、列提纲、查资料、演绎与归纳、计算等)。

(2) 培养学员分析解决问题的能力（发现与抓住问题、分清轻重主次、查找原因、拟订针对性的各种解决问题的方案、权衡与抉择、总结与评估等)。

(3) 培养学员人际交往能力（书面与口头表达、辩论与听取、小组的组织与管理等)。

(4) 培养学员团队合作能力。

### （三）案例选择的要求

一般把案例归纳为描述评价型与分析决策型两大类。

描述评价型案例描述了解决某些管理问题的全过程，包括其实际后果等。这样留给学员的分析任务只是对其中的做法进行事后分析和评价，以便从中取得一定的经验和教训。而分析决策型案例则只介绍了某一待解决的问题，由学员去分析，并提出对策。很显然，在培养学员分析、解决问题的能力的功能上，分析决策型案例优于描述评价型案例,所以我们鼓励选择分析决策型案例。

一般来说，在选择案例时，要求做到以下几个方面:

(1) 短小精悍，信息全面。案例的选择不要过于冗长，只要案例内容能涵盖相关信息即可。

(2) 反映本专题内容，并与本专题内容高度相关。案例所涵盖内容要与所讲专题内容联系紧密，分析案例时可以用到本专题的理论内容。

(3) 问题设计必须结合本专题内容。

### （四）分析案例的要求

(1) 阅读案例，个人分析。首先要对所指定的将供集体讨论的案例做出深刻而有意义的分析，包括找出案例所描述的情景中存在的问题与机会，找出问题产生的原因及问题间的主次轻重关系，要针对相关案例选用恰当的理论知识进行分析，然后拟订各种针对性的备选行动方案，形成个人书面观点。

(2) 小组讨论，形成共识。在个人提出各自的支持性论据的前提下，小组内部要认真讨论并进行权衡对比后，从中做出抉择，制定最后决策，作为建议供集体讨论。

(3) 课堂发言，全班讨论。小组代表要以严密的逻辑、清晰而有条理的口述方式，把所代表小组的分析表达出来。

(4) 总结归纳，内化提升。最后展示组主持人需要对案例作出分析总结，并且要简明扼要，一针见血，开门见山。要用一句话把案例分析的主要成果概括出来。同时，在案例学习中，主持人要做好学习记录。

需要说明的是，管理学案例的答案，关键是要看问题是让你用什么理论进行分析。因为，一个案例可以有多种理论分析，但是不能答非所问。如果运用的理论符合要求，你的回答尽管有各自不同的看法，但只要能自圆其说即可。

总之，对案例的分析、解答没有统一的答案或最好的解决问题的方式。案例是对管理实况的描述和说明，涉及的变量很多，因而解决问题的方式也多种多样，我们无法验证哪种是最好的或唯一正确的，这无关紧要。案例研究的主要目的并不是要找出对某一问题的不能变通的答案，而是引导学员运用所学的概念、原理、方法分析案例，使学员积极参与管理过程，从情感和理智上将自己置身于管理人员的地位，寻求解决问题的方案。这里重要的是学员在寻求解答过程中所使用的分析方法、基本理论、思维方式、逻辑推理等，这才有长远的价值。

案例研讨对教、学双方都是新的课题。作为学员，是要扮好“演员”，即根据案例描述的情景，进入“现场”，化入“角色”，进行“表演”(踊跃发言，提出分析和处理意见)；作为教师，则应当好“导演”或“导游”，善于引导和组织，巧加评论和指点。通过案例研讨，实现师生之间、学员之间的双向沟通，收到教学相长、知行相长的良好效果。

案例研讨无标准答案，应启发学员寻求更好的答案。因此，在案例讨论中，应提倡开展积极讨论，鼓励不同意见的自由表达，并使学员在讨论中既学会阐述并坚持自己的主张，说服他人，又学会倾听、妥协、吸取别人的见解。为了确保展示小组对所选择案例的熟悉和把握，展示小组需要提前讨论案例材料，向老师提交案例讨论书面报告（见附录一）。

### （五）案例分析的操作

1. 案例分析的步骤

（1）确定本案例在整个课程中的地位，找出此案例中的关键问题。

（2）确定是否还有与已找出的关键问题有关的要素。

（3）选定适合分析此案例所需采取的一般分析方法。

2. 案例分析的方法

（1）系统法。就是把所分析的组织看成是处于不断地把各种投入因素转化成产出因素的一个系统。

（2）行为法。利用这种方法，在分析时应着眼于组织中各种人员的行为与人际关系。

（3）决策法。就是要使用各种规范化、程序化的模型和工具评价并确定各种备选方案。

（4）明确分析的系统与主次关系，并找出构成自己分析逻辑的依据。

（5）将分析转化为口头发言的有效形式。

### （六）案例分析的评价标准

要求答出分析案例时所用基本理论的主要观点，并结合案例提供的具体情况进行适当分析、解释和说明。同时还要注意分析过程的充分性、逻辑性和完整性。

## 五、管理游戏

### (一)管理游戏简介

管理游戏围绕着对技能的学习和使用而展开，它是一种参与式教学模拟，是在既定的管理情景和模拟的管理环境下，利用一些模拟设备，将参与的学员按照团队分成若干个“竞争企业”，通过学员模拟一系列的活动，使学员提高运用所学管理知识解决实际问题的能力。它帮助参与者思考、反应、操作，更重要的是得到很多启迪，通过一个完整的游戏过程，让他们在非正式的、非紧迫的情景下学会技巧与思考。

### (二)管理游戏的教学目的

管理游戏教学的目的主要在于培养学员的综合管理能力。对于不易理解的知识点或较难掌握的管理技能，通过设计的管理游戏，让学员们在做中学，既提高了学习的兴趣，又帮助学员更好地理解和掌握已学的正课知识。

通过传授知识、提高技能和应变能力来改善当前或未来的工作绩效，其最大的特点是模拟出各种不同情况下的各式各样的技术问题、管理问题，使学员如亲临其境，较快地提高分析和解决问题的能力，提高作为管理人员的决策能力、指挥能力和组织能力。具体说，管理游戏的教学目的主要在于以下三个方面:

(1) 培养团队合作能力。管理游戏是以小组的形式进行，并且在游戏中具有竞争性，这需要学员在游戏的准备、实施和总结过程中具有广泛的沟通和协调能力，以实现小组优先完成和最佳完成游戏的目标。

（2）培养创新能力。在管理游戏中，需要参与者应用创新性思维来达到游戏的目的，它具有较强的真实感，富有竞争性，在游戏过程中可以充分激发学员的兴趣和想象力，进而培养学员的创新精神。

（3）加强对管理知识的掌握和运用。不同游戏所侧重培养的管理知识和技能是不同的，通过游戏可以加深对管理知识的掌握，并且能够将所掌握的管理知识应用在管理实践中。

### （三）选择管理游戏的要求

管理游戏不是一般的娱乐游戏，它本身是服务于教学而设置的。所以在选择时要明确教学目的，并根据教学目的选择适当的游戏。

在选择时有以下几个要求：

（1）趣味性。游戏的性质是参与，它本身也是为了避免理论课本身相对枯燥的缺陷而设置的，所以在选择管理游戏时，要有趣味性，使参与者能享受到游戏本身能带来的乐趣。

（2）知识性。管理游戏不同于纯粹的游戏，所以学员们在做的时候要避免陷入“为游戏去做游戏”的误区。这就需要在选择管理游戏的时候要有知识性，要与所讲的主题内容相关，并且能用所学的相关理论知识去解释和分析。

（3）可操作性。鉴于我们目前所处的环境和条件，所以要根据实际情况选择，要有可操作性，并且尽量避免游戏本身可能会带来的负面影响。

### （四）参与游戏的主要要求

（1）阅读规则，个人分析。在进行游戏前，应熟悉掌握相关主题的管理知识，并且对所指定的将供小组参与的游戏做出深刻而有意义的分析，包括游戏的规则和游戏过程中可能出现的问题及应对策略。

(2) 小组讨论，达成共识。在个人分析的基础上，小组内部拟订出各种针对性的备选行动方案，提出它们各自的支持性论据，进行权衡对比后，从中做出抉择，制订最后决策方案。

(3) 课堂准备，参与竞争。根据小组内部共识，做好各种充分准备，参与竞争环境。

(4) 总结归纳，内化提升。主持人（老师）在游戏进行中要做好课堂讨论记录；同时在游戏结束后，主持人（老师）应在学员们充分讨论的基础上进行客观、科学的总结和评价，使学员明白通过游戏掌握了哪些理论知识，在游戏中有哪些经验和教训，可以获得哪些技巧。

总之在游戏进行过程中，应提倡积极参与，鼓励不同建议的自由表达，并使学员在讨论中既学会阐述并坚持自己的主张，说服他人，又学会倾听、妥协、听取别人的见解，最终达到团队的胜利。

### （五）游戏分析的过程

游戏分析过程一般包括以下五个主要步骤：

(1) 确定本游戏在整个课程中的地位，找出此游戏中的关键问题。

(2) 确定是否还有与已找出的关键问题有关的要素。

(3) 选定适合参与此游戏所需采取的方法。

(4) 分析游戏本身与理论知识的关系，并找出构成自己分析逻辑的依据。

(5) 最后需要将分析转化为口头发言的有效形式进行总结。在分析游戏时要简明扼要，针对主题：要用一句话把游戏的主要成果概括出来，并成为游戏的主题。

### （六）游戏的评价标准

要求能分析出游戏过程所反映的基本理论的主要观点，并结合游戏的具体情况进行适当分析、解释和说明。同时还要注意分析过程的充分性、逻辑性、趣味性和完整性。

# 第三章　管理学实训课的管理

第一次管理学理论课上课时，主讲教师会生动地向学员们介绍该课程的上课特色以及课程的构成体系，同时比较系统地介绍管理学实训课，使学员们对实训课有一些认识。在新学期上课前，管理学课程组需要对上课班级进行实训课分组，分组坚持以学员自主结合为原则，原则上 18～22 人为一大组，并选出组长，负责协调本组的实训课协调活动。

## 一、管理学实训课的上课形式

主讲教师与学员们初次见面沟通，主要是给学员们介绍实训课怎么上，有哪些具体任务，要达到什么样的目标等。同时通过第一次指导老师和学员见面的机会，相互介绍认识，调动学员们踊跃参与实训课的积极性。详细内容主要包括以下几个方面。

### （一）实训课教师的自我介绍

实训课教师向学员们自我介绍，并给学员们留下 e-mail、QQ、QQ 群等联系方式，联系方式很重要，在课程进行中可以很方便地完成信息沟通交流、传递材料等活动。

### （二）介绍实训课的主要内容

具体包括：① 管理环境；

② 管理决策；
③ 目标和计划；
④ 组织结构与设计；
⑤ 人力资源管理；
⑥ 领导理论；
⑦ 管理沟通；
⑧ 组织控制。

### （三）学员相互介绍

开设管理学课程的班级往往是大一新生，通过一段较短时间的共同学习生活，学员们有可能相互之间还不够熟悉。学员相互介绍的目的是让大家更加熟悉，包括老师也要认识学员们。介绍时可以使用一些比较新的方式，比如学员们在实训课专用教室围坐一周，按照顺序 2 号介绍 1 号、3 号介绍 2 号、4 号介绍 3 号……18 号介绍 17 号、1 号介绍 18 号，就是一种很好的介绍方法，活泼、幽默、风趣，可以很快让大家融入一个快乐的团队之中。

### （四）分组

结合实训课包括的几大块内容，把大组分成实训课内容板块数的等同小组数。比如有八个实训课内容板块数，就把大组的学员分成八个小组。分组时坚持学员们自由结合、男女搭配、能力特征互补的原则，分成每组 2～3 名学员一小组，并进行登记。比如：

第一组：王启云　刘建伟　张乃文
第二组：李佳璐　张聪慧　郭　巍
第三组：邵淑萍　李　响
第四组：王晓欢　李帅兵
第五组：何晓丹　林　虎

第六组：商亚杰　　刘利园

第七组：马　帅　　张　鹏

第八组：纪倩倩　　马晨阳

然后每个小组推荐一名小组长，负责协调本小组管理学实训课展示活动以及鼓励小组成员积极参与其他小组展示活动。接下来确定每个小组展示的顺序与内容。

### （五）实训课的基本程序以及注意细则

每次实训课有效时间为 50 分钟，基本活动内容主要包括以下几个方面。

第一部分：陈述

时间不超过 20 分钟，小组成员均匀参与。本环节可以结合管理学 Journal（管理日记）作业中的脑图，简练、生动、启发地向大家描述本专题的主要知识与体系，目的是帮助大家清晰地回忆本次实训课专题知识。

本环节要求陈述小组成员课前制作好 PPT，还可以结合挂图、道具等工具材料，通过陈述有效地吸引学员们对本部分知识加以清晰回顾。陈述过程中可以邀请其他学员帮助做一些辅助性工作，比如电脑操作、贴挂图等。

在陈述中要求完全脱稿，学员们在课前准备陈述大纲并熟练掌握。在陈述中要注意语气语调、肢体语言等增加陈述效果，同时要关注学员们的状态，结合具体情境灵活引导。陈述的学员还要做好均匀分工，使小组成员均匀参与。还要注意本部分与后续环节的衔接。

第二部分：互动环节

本部分是实训课的最主要环节，时间不低于 20 分钟，目的在于锻炼学员们理论与实际结合的能力。本部分要求该专题小组在一星期前查找或制作出能代表本专题的典型案例并提出 2～4 个问题供同学们讨论，并通过实训课教师的审查。

【案例示例】

## 查克·斯通曼的一天

查克·斯通曼真的相信那句老话——“早鸟得虫”。这一天是星期二，清晨，他比往常早一个小时就起来了。先是原地不动地骑车运动，接下来是洗澡、穿衣、吃早饭、快速地浏览晨报。当查克驱车上路时，他看了一眼手表，正时值 5:28，从家里开车到上班地点只需15 分钟。查克是勒那食品公司奥马哈工厂的经理。勒那公司生产牛肉和猪肉产品，以私有商标卖给六七十家大型超级市场连锁店。

一边开着车，查克的思绪一边回到昨天晚上。昨夜，查克和他的妻子安妮外出吃饭，庆祝他们结婚 15 周年纪念日。他们回忆起他们的初次约会，他们俩事先都没抱多大希望。他们还谈起一些老朋友，他们之间已经多年没有通过信了。昨天晚上的谈话使查克萌生出一种怀旧感，他的思绪开始漫游。他想到他是怎么最后来到奥马哈，经营一家肉类加工厂，手下管着 650 名工人的。

查克 1979 年毕业于伊利诺伊大学，获商学学士学位。毕业后他进入勒那食品公司，一直干到今天。开始是在芝加哥工厂作生产计划助理，在后来的 12 年中，他逐级晋升高级生产计划员、生产领班、轮班工长，以及塔萨斯城工厂的经理助理。1991 年，他被提升担任了现在的职务。查克和安妮喜欢奥马哈，打算在这里把他们的两个儿子抚养成人，安妮最后利用她的统计学学位在奥马哈投资公司找到了一份保险统计员的工作。

查克今天早晨心情特别好，最后的生产率报告表明，奥马哈工厂超过了堪萨斯城工厂和伯明翰工厂，成为公司人均劳动生产率最高的工厂。经过10个月的经营，奥马哈工厂已成为公司所属7家工厂中获利最多的工厂。昨天，查克在与上司的通话中得知，他的半年绩效奖金为23 000美元，而过去，他最多只拿到过8 500美元。

查克决定今天要把手头的许多工作清理一下，像往常一样，他总是尽量做到当日事当日毕。除了下午3:30有一个幕僚会议以外，整天的其他时间都是空着的，因此他可以解决许多重要的问题。他打算仔细审阅最近的审计报告并签署他的意见，并仔细检查一下工厂TQM计划的进展情况。他还打算开始计划下一年度的资本设备预算，离申报截止日期还有不到两个星期了，他一直抽不出时间来做这件事。查克还有许多重要的事项记在他的"待办"日程表上：他要与工厂厂长讨论几个雇员的投诉；写一份10分钟的演讲稿，准备应邀在星期五的商会会议上致辞；审查他的助手草拟的贯彻美国职业安全健康法（OSHA）的情况报告，工厂刚接受过安全检查。

查克到达工厂时是5:45，他还没走到自己的办公室，就被会计总监贝斯拦住了，查克第一个反应是：她这么早在这里干什么？很快他就搞清楚了。贝斯告诉他工资协调员昨天没有交上来工资表，贝斯昨晚一直等到10点，今天早上4:30就来了，想在呈报的最后期限之前把工资表造出来。贝斯告诉查克，实在没办法按时向总部上报这个月的工资表了。查克作了个记录，打算与工厂的总会计师交换一下意见，并将情况报告他的上司——公司副总裁。

查克总是随时向上司报告任何问题，他从不想让自己的上司对发生的事情感到突然。

最后，在他的办公室里，查克注意到他的计算机在闪烁，一定是有什么新到的信息。

在检查了他的电子邮件后，查克发现只有一项需要立即处理。他的助手已经草拟出下一年度工厂全部管理者和专业人员的假期时间表，它必须经查克审阅和批准。处理这件事只需10分钟，但实际上占用了查克20分钟的时间。

**思考与讨论：**

1. 用计划、组织、领导和控制四种职能理论评价查克的活动。
2. 用系统方法评价查克一天的活动。
3. 查克在完成他的职责上是有效率的吗?是有效果的吗?请说明理由。
4. 查克要成为更好的管理者应当做些什么?

本小组学员将确认用 A4 纸打印使用的案例，提前一星期发放到各小组，供各小组预先认真阅读理解案例，并通过查找资料、各小组内部商量如何回答问题以及观点，为实训课上案例分析讨论做准备。

本环节也要求本专题小组成员对案例充分理解，结合理论知识总结比较完善的观点，以便在案例讨论时能够很好地引导和控制案例讨论过程。

本专题小组成员在案例讨论过程中起到“主持人”的作用，吸引其他小组及其成员积极参与案例讨论，引导案例讨论时要亮明观点，层层深入、犀利独到、启发创新，使理论知识与具体案例分析有机结合。通过案例讨论使学员们能很好地把理论知识与实际相结合，通过讨论启发大家智慧，把案例问题得到最好解决。

在案例讨论过程中，对于回答问题优秀的学员或优胜小组，可以及时给予奖励激励，奖品要提前准备，要尽可能少花钱，有象征意义即可。同时，主持小组成员要及时记录、归纳整理学员们的观点，在问题回答结束时及时对问题讨论结果进行点评。

**第三部分：管理小游戏**

该部分为附加供选择环节，时间在5分钟以内。

【游戏示例】

用“杀人游戏”测试你的职业能力[①]

杀人游戏流传已久，某天，你突然心血来潮，召集一群人找个安静轻松的地方开始杀人。天黑请闭眼……

测试一：解密你的工作积极度。

杀人游戏开始，假若你是杀手，你会最先从哪个人下手？

1. 自己旁边的人；

2. 离自己位置最远的人；

3. 最看不顺眼的人；

4. 看到谁杀谁。

测试二：测试你的工作魅力度。

白天来临，法官宣布一个平民被杀死，让大家开始讨论。你最有可能说以下哪句话？

1. 我觉得杀手最有可能是×××；

2. 从位置来看，我觉得杀手应该是坐在这一边的人；

3. 目前我还不清楚情况，我先观察一下再发表；

4. 从×××的发言中，我觉得他的理由不充分，有欲盖弥彰的嫌疑。

本部分内容与形式的选择要与本专题相吻合，本部分的作用主要是补充展示知识，活跃课堂气氛，激励学员们参与课堂。当然还可以采用其他形式，比如情景剧、表演、谈话等。

**第四部分：实训课总结**

时间3～5分钟。本专题小组对本次课进行简洁的总结，还可以邀请指导老师进行点评。

① 资料来源：王波编著，《创新能力培训游戏经典》，北京：人民邮电出版社，2009年版。

以上是实训课的几个基本构成部分，专题小组可以结合自己小组专题设计特点适当调整，包括时间调整，尤其是第三部分（仅供选用），其他三个部分原则上按要求完成，不得遗漏。当然这只是基本的程序与构成，假若学员们对此仍不能满足，还可以进行大幅度的改进，比如案例分析环节做情景剧、角色模拟、拓展训练、管理游戏、知识竞赛和辩论等，本手册还会有具体说明。另外，我们的基本要求是在实训课专用教室内进行，如若必要学员们还可以选择在室外进行。

学员们在进行实训课策划时，要考虑各种可以利用的资源，比如多媒体、黑板、活动桌椅、灯光、音乐、视频、气球、奖品、表演等。学员们要精心策划，利用成员的聪明才智和各种资源为本小组实训课服务。

### （六）实训课总结报告（write-up）的写作与要求

每一次实训课结束，要求该专题成员在一个星期内完成write-up的。写作与提交。

（1）write-up 的封皮格式。

封皮格式见附录二。

（2）write-up 的内容。

标题：

正文：

① 展示目的，如 1.……2.……等。

② 展示材料，如陈述挂图、气球、音乐、水果、糖等。

③ 主体内容，如：

一、（一级标题，宋体，四号字，加粗，居左；其他内容，宋体，小四号，句首空两格）

1. ……

2. ……

注意本部分以时间、过程、主题内容、气氛等为主线，对活动过程进行总结描述。建议学员们多结合自己的语言对活动前后过程进行深入地描述，切忌只是材料的罗列。

④ 本次活动的优、缺点，以及改进方向。

报告要求在 2 000 字以上，学员在下次本组上课前，提交 write-up 打印版，并把电子版发到指导老师指定的信箱。

### （七）材料的整理与要求

(1) 实训课材料的内容与排列。

① 实训课 PPT;

② 展示案例;

③ 展示大纲;

④ 展示记录;

⑤ 展示小组分工;

⑥ 展示辅助材料。

有的材料不方便排版打印，可以手写或手工整理，尽可能符合要求。要做好标签，与目录保持一致，便于精品课组存档，比如挂图等。

(2) 实训课材料的上交。在下次本组上课前，上交纸质、实物版，并把电子版发到指导老师指定的信箱。

### （八）管理学实训课大组心得体会

实训课结束时，每大组要召开该组全部成员座谈会，对实训课的上课形式，与其他课程相比较的优点、不足，学员们对该组全部指导的总体感受、评价，以及存在的缺陷与不足，并提出诚恳的建议与意见。字数 2 000 字左右，打印版大组组长上交指导教师，电子版发到指定信箱。

## 二、专题小组课前准备与要求

第一次实训课上进行了明确的分组与分工，每小组根据自己小组的专题按要求准备。

### （一）实训课方案的制订

方案的制订就是一个策划的过程，是学员们在深刻理解理论知识的基础上，制订适合本组特征与满足其成员需求的实训课精心策划的方案，在满足基本要求的基础上，鼓励创新。优秀的方案是取得良好效果的基石，鼓励学员们多征求意见，也包括指导教师的意见，精益求精，最终方案要让指导教师审核。

### （二）实训课方案内容的安排

方案是骨架，内容是血肉。学员们要把实训课当成一件艺术品来精心雕刻。“台上一分钟，台下十年功。”要想做一次成功的实训课，一定要下大工夫，如何将方案、本专题内容、成员特征、表现形式、可利用的各种资源等有机结合成一件作品，必须精心细致安排,比如:桌椅怎么排列？怎么主持？怎么加入管理游戏？怎样调动大家积极性？版块怎么衔接？怎么分工？怎么开头？可否加入 DV？等等。一堂成功的实训课，会是一个自始至终紧密联系，学员们全神贯注，完全沉醉参与享受，热情高涨，问题得到最好解决的过程。所以说，学员们需要精心构思，反复推敲，同时要把握这种极佳的展示才华、提高素质与能力的机会。一次优秀的实训课过程，可能会是学员们大学期间甚至一生都难以忘怀的美好回忆。

### （三）实训课方案内容的排练

我们要求每次实训课必须课前排练成熟。学员们可以在宿舍等地方进行多次模拟排练，通过排练才会发现问题与不足，经过多次修正方可形成定稿。还可以邀请其他学员帮助提意见，尽可能地来完善自己小组的方案。

在方案无可挑剔之后要在实训课实地“彩排”，来模拟即将进行的实训课，这同时也是小组成员熟练的过程。这时可以邀请一些学员到现场，按照实训课进行的要求去模拟，直到满意为止。如果缺乏多次排练与“彩排”，已往实践证明几乎没有很成功的。所以，学员们要高度投入，高度热情，认真去做。我们为了给学员们提供良好的机会，特别给每一小组安排了在实训课专用教室排练与“彩排”的条件。学员们可以到实训课专用教室管理员那里申请协商使用教室。同时，为便于管理，特作“管理学实训课小组排练登记表”来予以登记，见附录三。

## 三、实训课指导老师的职责

根据管理学实训课需要将学员进行分组，每大组配置一名教师为实训课教师，负责该组实训课工作。实训课教师职责：

（1）实训课进行课前帮助。学员们可以在课前寻求老师对活动进行帮助，如对案例或游戏的选择。

（2）对实训课进行控制。如中止逻辑不清的陈述，维持课堂秩序和督促学员提问和讨论等。

（3）对实训课进行评价。教师针对每组的发言情况进行启发、引导，并对学员研讨问题的深度、发言者的态度、语言的组织、团队配合等方面做出中肯评价,并规范或纠正交流时出现的问题。

（4）对实训课进行课后指导。

## 四、实训课的上课教室

根据管理学实训课需要，专门配置实训课教室（Seminar Room），主要特点是具有多媒体、活动桌椅等，面积、空间适合

20 多人的展示与讨论，以及可以开展规模适当的游戏等，由专门管理人员管理。

同时鼓励学员选择比如校内草坪、广场、亭榭、林荫等场所开展活动。

# 第四章　管理伦理与社会责任

## 一、展示的内容

展示的内容应为本章的知识点和重点,展示应覆盖以下主要内容:

(1) 企业伦理的观点;

(2) 企业伦理与企业绩效;

(3) 增进企业伦理行为的方法;

(4) 企业社会责任和 SA8000 (Social Accoutability 8000, 社会责任标准)。

## 二、互动环节

**【案例 1】**

### 犯"傻"[①]

某日,一个顾客走进一家汽车维修店,自称是某运输公司的汽车司机。"在我的账单上多写点儿零件,我回公司报销后有你一份好处",他对店主说。店主听了他的话拒绝了他的要求,并请他离开。顾客继续纠缠道:"我的生意不小,而且会常来,你肯定会从这里赚很多钱。"但店主依然坚持不接受他的提议。顾客急了:"谁都会这么干的,我看你是太傻了。"店主也火了,他叫这个人马上离开,到别处去谈这种生意。听到这话,这位"顾客"反而

① 资料来源:黄兵主编,《管理故事》,北京:北京银冠电子出版有限公司,2003 年版。

笑了，他热情地并满怀敬意地握住店主的手，说道："我就是这家运输公司的老板，我一直在努力寻找一个信得过的、固定的维修店，今天到了你这里，我确信找到了。你还让我到哪里去谈这个生意呢。"店主先是愕然，然后也会心地笑了。

**思考与讨论：**

老板遵循的是什么道德原则？

**【案例2】**

### 小悦悦事件的道德分析[①]

2011年10月13日下午5点30分，广东佛山南海黄岐的广佛五金城里，2岁女童小悦悦在过马路上不慎被一辆面包车撞倒并两度碾压，随后肇事车辆逃逸，随后开来的另一辆车辆直接从已经被碾压过的女童身上再次开了过去，七分钟内在女童身边经过的十几个路人，都对此冷眼漠视，只有最后一名拾荒阿姨陈贤妹上前施以援手，由此引发网友广泛热议。2011年10月21日，小悦悦经医院全力抢救无效，于0时32分离世。

那些在小悦悦被车碾压后的整整7分多长时间内经过漠视的路人们，引发网友热议。当越来越多的"彭宇案"发生，当好心救人反被诬陷的事件屡屡上演，我们又该怎么面对？这不仅仅只是见死不救，更多地反映了一种社会现象。

"小悦悦事件"之后，社会各界纷纷以各种方式表达对见死不救行为的谴责、质问和反思。广州律师朱永平准备联合广州同行推动"见死不救"立法。广东省委政法委也在官方微博上发布信息，征求救济、奖惩机制方面的意见与建议。面对社会上出现老人跌倒没有人敢扶、见死不救等热点事件，早在2001年的全国人民代表大会上，就有32名代表建议刑法增加"见危不救和见死不

① 本案例根据新华网网络资料编写，http://forum.home.news.cn/thread/90061224/1.htm。

救罪”两项新罪名。

这个事件的发生是我们大家共同的羞耻。温家宝总理针对“毒奶粉”“瘦肉精”“地沟油”“染色馒头”，怒斥说“诚信的缺失、道德的滑坡已经到了何等严重的地步”。可以说，现如今发生在马路上、餐桌上、屋顶上、矿井里的形形色色事件，一再昭示社会冷漠与道德滑坡会有多么大的危险性和破坏力。

关于道德，社会学上有一种三元道德文化说——“罪过、羞耻、畏惧”，共同构成了一个人的道德约束，进行影响一个人的行为选择。罪感，可以来自宗教，比如上帝，也可以来自法律；羞耻，主要是周围人群所形成的舆论压力，进而影响一个人的内心；畏惧，既可以是对上帝力量的惧怕，也可以是对法律强制力的惧怕，还可以是对各种各样鬼神的惧怕。

两岁女童小悦悦的遭遇震惊了全社会，也牵动了亿万人的心。一些人表示要立法对于那些见死不救的人进行处罚。然而法律并不是万能的，特别是在面对一些道德层面的问题时，所以，用法律来取代道德并不是一个好办法。我们该做些什么？

**思考与讨论：**

1. 从伦理与道德的关系，分析小悦悦事件。
2. 分析社会道德滑坡的原因。

**【案例 3】**

## 双汇瘦肉精危机[①]

### 一、双汇集团简介

双汇集团是以肉类加工为主的大型视频集团，总部位于河南省漯河市。目前，总资产 60 多亿元，员工 50 000 人。年屠宰生猪 1 500 万头，年产肉制品 100 多万吨，是中国最大的肉类加工

① 本案例根据腾讯网网络资料编写，http://news.qq.com/a/20110315/000670.htm。

基地，在 2006 年中国企业 500 强排序中列 154 位。

二、瘦肉精事件回顾

2011-03-15　双汇被爆使用瘦肉精猪肉，“健美猪”大行其道；

2011-03-16　双汇集团承认使用瘦肉精猪肉，发声明致歉；

2011-03-17　商务部派出督导组前往河南，督查双汇集团下属企业，农业部开展瘦肉精拉网式监测，双汇集团再次声明，高管被免，产品收回；

2011-03-19　国务院派人督查瘦肉精，河南沁阳清查被指过场；

2011-03-20　河南首次通报，双汇冷鲜肉瘦肉精抽检呈阳性；

2011-03-21　济源双汇无限期停产整顿，双汇发展重组存隐患；

2011-03-22　济源双汇公司确认 17 头瘦肉精生猪，国务院工作组要求彻查“瘦肉精”事件，严肃究责；

2011-03-23　双汇紧急召开 4 000 多人规模的全国经销商视频会议，以应对下架危机，希望能重新启动市场；

2011-03-25　河南“瘦肉精”肇事来源基本查明，发现 3 个制造窝点；

2011-03-30　农业部排查称河南瘦肉精事件属于个案；

2011-04-01　双汇召开“万人大会”二度致歉，拟引入第三方检测产品；

2011-04-10 双汇瘦肉精“万人道歉大会”系公关公司策划；

……

三、瘦肉精简介

瘦肉精是一种药物，是指能够抑制肥肉生长，促进瘦肉生长的药物添加剂。对人体危害过大，会造成安全隐患，因此在全球遭到禁用。据农业部统计，如果用瘦肉精把一头普通猪变成“瘦肉型猪”，只需要 10 天到 20 天的时间，利润率为 275%。

以双汇问题猪肉为例，添加“瘦肉精”喂出的生猪出栏价格比普通猪每公斤贵 0.4 元左右，以每头猪出栏时 100 公斤计算，一头猪能够多卖四五十元。一般一个小养殖户养百来头，能多卖 4 000 来元。

### 四、双汇危机公关

（1）三次万人职工大会。处在“瘦肉精”危机中的双汇集团在河南漯河召开“万人职工大会”，集团董事长万隆再次向消费者致歉，并称双汇因“瘦肉精”事件受损超过 121 亿元。半个月影响销售额 15 亿元。

（2）双汇领导大嚼火腿。双汇产品因瘦肉精事件下架 2 多天后，区域经理为证明自己的东西没问题而现场大吃火腿肠，算是典型的危机公关。

（3）大规模销毁生猪肉。

（4）发表道歉信。

**思考与讨论：**

1. 你认为双汇做出的违反道德行为有助于其经营业绩吗？
2. 你怎么看待双汇的公关事件？
3. 讲道德的企业赚得更多，还是更少？

**【情景模拟 1】**

## 道德与非道德

在生活中，在学校、社交场合甚至是在工作上，也许你已面对许多道德的难题。

请将同学们三至五人分为一组，各组均指定一位上台报告者，每位组员要思考他在组织内所发现的一些不道德行为，这些事件可能是作为一个员工、顾客、委托人等所经历的，或是一个无意间看到的行为。

一旦每个人都找到一些有道德问题的行为时，各小组应找出三种决定行为道德与否的指标，仔细思考这些标准，它们必须要能区分出道德与非道德的行为，写下你的选择，用这些标准去评估组织成员所描述的那些不道德行为。

当老师问及你们小组的意见时，发言者应该能立即报告组员所看到的非道德行为、你们小组的评价标准，以及你们如何用这些标准去评价这些事件。

**【情景模拟2】**

### “三鹿事件”谁该担责？

在熟悉“三鹿事件”的基础上，请将同学们5～7人分为一组，分别扮演奶农、厂家和质检部门，辩论谁该为此事件负责？

# 第五章　管理决策

## 一、展示的内容要求

展示的内容应为本章的知识点和重点，展示应覆盖以下主要内容：

（1）决策的科学含义及一般过程。

（2）理性决策者。

（3）决策的类型。

（4）群体决策及决策方法。

（5）决策偏见的几种形式。

## 二、互动环节

**【案例 1】**

### 寻求一致[①]

我们现在看到的是一个星级饭店所出现的问题，如果你是经理的话，你认为最需要解决的问题是什么？给下面的选项一个你认为适当的排序，然后给出你的理由。并且将你的意见在整个小

---

① 资料来源：王凤彬、刘松博、朱克强编著，《管理学教学案例精选》，上海：复旦大学出版社，2009 年版。

组中进行讨论，最终需要你们小组得出一个统一的答案。先阐述自己的观点，然后说出理由，之后和小组人员讨论得出同意结果。

A. 酒店大堂的钟表除了北京时间，其他各国时间均不准确，并有较大出入。

B. 大堂服务人员不热情，上班时间打私人电话。

C. 酒店客房服务人员不到位，有问题无法及时反馈。

D. 酒店卫生不彻底，有蟑螂。

E. 酒店水温不稳定，毛巾消毒不彻底。

F. 酒店餐厅的饭菜水平较低，自助餐分量不够。

G. 酒店娱乐休闲设施档次不够，有宰客行为。

每个人先给出自己的排序并陈述理由，时间两分钟。然后小组讨论，最后达成一致意见，并给出理由。

**【案例 2】**

## 市政府领导陷入了两难境地[①]

某城市繁华地段有一个食品厂，因经营不善长期亏损，该市政府领导拟将其改造成一个副食品批发市场，这样既可以解决企业破产后下岗职工的安置问题，又方便了附近居民。为此进行了一系列前期准备，包括项目审批、征地拆迁、建筑规划设计等。不曾想，外地一开发商已在离此地不远的地方率先投资兴建了一个综合市场，而综合市场中就有一个相当规模的副食品批发场区，足以满足附近居民和零售商的需求。

面对这种情况，市政府领导陷入了两难境地：如果继续进行副食品批发市场建设，很可能亏损；如果就此停建，则前期投入将全部泡汤。在这种情况下，该市政府盲目做出决定，将该食品

① 资料来源：余敬，《管理学案例精析》，武汉：中国地质大学出版社，2006 年版。

厂厂房所在地建成一居民小区，由开发商进行开发，但对原食品厂职工没能作出有效的赔偿，使该厂职工陷入困境，该厂职工长期上访不能解决赔偿问题，对该市的稳定造成了隐患。

**思考与讨论：**

1. 你对该市领导所作出的两次决策有什么看法？
2. 如果你是该市的领导，你会采取什么措施？

**【游戏 1】**

### 有效决策的游戏——如何赢得更多？

形式：小组游戏，参与人数不限

时间：20 分钟

材料：每组准备 5 张纸

场地：室内

目的：(1) 促进组织内部的交流与协调、增强团队成员的凝聚力。

(2) 提高团队成员的决策能力。

(3) 训练团队成员认识到组织之间的相互合作可以得到多赢的结果。

程序：(1) 参与成员分成 4 个小组，每个小组进行 X 或 Y 的选择。如果 4 个小组全部选择 X，每组各扣 1 分；如果 4 个小组全部选择 Y，则各得 1 分；在既有 X 又有 Y 的情况下，选 X 的小组得 1 分，选 Y 的小组倒扣 1 分。

(2) 第一回合，各小组之间不沟通，小组成员充分讨论之后决策，选择 X 或 Y。

(3) 第二回合，在得知第一回合的得分后，继续各小组之间不沟通，小组成员充分讨论之后决策，选择 X 或 Y。

(4) 第三回合同一、二回合。

(5) 第四回合，4 个小组可以派人事先协商，然后再进行选择。

**思考与讨论：**

1. 前四个回合你们是如何选择的？
2. 第五个回合，4个组派人协商时是否达成了一致选择Y？
3. 第五个回合，你们最终是否选择了Y，为什么？
4. 从这个游戏中，你们感悟到了什么？

**【游戏2】**

### 月球求生记[①]

形式：小组游戏，参与人数不限

时间：30分钟

材料：每组准备若干张纸

场地：室内

目的：（1）提高团队成员的决策能力。

（2）体会团队决策的困难。

背景资料：

假设你现在是一名太空飞行船的队员，任务是与母船相约在月球上光亮一片的地方集合，但因机械故障，你的宇宙飞船在距离约定地方200里之外坠落了，除了15件器材外，其余的器材都在坠落时坏掉了，你们能否生存下去取决于你们能否到达母船，所以你和你的同伴要决定那15个仪器对你们的生存至为重要。

指引：

下列就是那15件未坏掉的器材，你需要将它们按“协助生存的重要性”来编排次序，在你觉得最重要的东西旁写1字，其次重要的写2字，以此类推直至15个次序都排好为止。

你可以选择的物资：

一盒火柴、浓缩食物、五十尺尼龙绳、降落伞的丝质布料、

---

① 资料来源：余敬，《管理学案例精析》，武汉：中国地质大学出版社，2006年版。

可携式发热器、两支点四五口径手枪、一盒脱脂奶粉、二百磅氧气桶、星际地图（月球宇域）、救生艇、磁力指南针、五加仑水、讯号火箭、急救箱连注射用针筒、太阳能 FM 无线电收发器。

答案题纸：请将以下十五件物品按重要性排好次序，并附上简单的解释。

| 项　目 | 个人答案 | 小组答案 | 正确答案 | 原　因 |
|---|---|---|---|---|
| 一盒火柴 | | | | |
| 浓缩食物 | | | | |
| 五十尺尼龙绳 | | | | |
| 降落伞的丝质布料 | | | | |
| 可携式发热器 | | | | |
| 两支点四五口径手枪 | | | | |
| 一盒脱脂奶粉 | | | | |
| 二百磅氧气桶 | | | | |
| 星际地图（月球宇域） | | | | |
| 救生艇 | | | | |
| 磁力指南针 | | | | |
| 五加仑水 | | | | |
| 讯号火箭 | | | | |
| 急救箱连注射用针筒 | | | | |
| 太阳能 FM 无线电收发器 | | | | |

提示：

（1）不要和别人争执你所排的次序才是最好。应向各队员清晰及有逻辑地讲解你的排序理由，但必须认真地留意其他人对该重点的反应及陈述的意见。

（2）讨论期间应避免使用“赢”“输”等字眼。抛开必须有人赢或有人输的观念，一旦出现僵局，应寻求另一个双方都能接受的方法。

（3）不要因为避免和别人争执或只为了维持团体的和谐而同意别人的意见。应据理力争并排除那些没有目的及逻辑的建议，切不可全面投降。

（4）不要使用那些纯粹为了避免争执的方法来做一个全体决定，如少数服从多数，取平均数，讨价还价或掷毫决定等方式。应视不同的意见为尚有人隐藏在心里并未和他人分享的意见，并和各团员继续讨论直至各人均取得共识为止。

（5）应视各种意见为中性及有建设性的，而不要视为一种作决定的绊脚石。基本上不同意见存在得越多越容易引发冲突，但亦同时增加了各种可行方法可供选择。

（6）应对初步的共识存怀疑态度，然后进一步寻求各人同意该项建议的背后原因。在正式讨论该建议前必须确定各人均因为差不多的原因而同意取得共识。

（7）避免一些交换式或妥协式的团体决定方式。例如：一位持异见的团员在此项目上最终妥协后，并不表示在下一个项目上各团员需因此而依他的意见行事。

（8）请相信你的团员有能力做到大家决定要做的项目，不要作负面的想法及说一些使人绝望的话。

**【游戏3】**

## 价值拍卖

### 一、活动目的

（1）激发学员思考自己的价值观念，学会抓住机会，不轻易放弃。

（2）帮助学员体验和澄清自己的人生态度。

## 二、活动时间

大约需要25分钟。

## 三、活动道具

足够的道具钱、不同颜色的硬纸板、拍卖槌。

## 四、活动场地

室内。

## 五、活动程序

1．事前准备

将拍卖的东西事先写在硬纸板上（最好是不同的颜色），以增加拍卖的趣味性及方便拍卖进行。

2．宣布游戏规则

每个学员手中有5 000元（道具钱），它代表了一个人一生的时间和精力。每个人可以根据自己对人生的理解随意竞买下表中的东西。每样东西都有底价，每次出价都以500元为单位，价高者得到东西，有出价5 000元的，立即成交。

| | |
|---|---|
| （1）爱情 | 500 |
| （2）友情 | 500 |
| （3）健康 | 1 000 |
| （4）美貌 | 500 |
| （5）礼貌 | 1 000 |
| （6）名望 | 500 |
| （7）自由 | 500 |
| （8）爱心 | 500 |
| （9）权力 | 1 000 |

| | |
|---|---|
| (10)拥有自己的图书馆 | 1 000 |
| (11)聪明 | 1 000 |
| (12)金钱 | 1 000 |
| (13)欢乐 | 500 |
| (14)长命百岁 | 500 |
| (15)豪宅名车 | 500 |
| (16)每天都能吃美食 | 500 |
| (17)良心 | 1 000 |
| (18)孝心 | 1 000 |
| (19)诚信 | 1 000 |
| (20)智慧 | 1 000 |
| (21)名牌大学录取通知书 | 500 |
| (22)冒险精神 | 1 000 |

3．举行拍卖会

(1)由主持人或学员主持拍卖。

(2)按游戏方式进行，直到所有的东西都拍卖完为止，然后请学员认真考虑买回来的东西。

4．讨论交流

(1)你是否后悔你买到的东西？为什么？

(2)在拍卖的过程中，你的心情如何？

(3)有没有同学什么都没有买？为什么不买？

(4)你是否后悔自己刚才争取的东西太少？

(5)争取过来的东西是否是你最想要的？

(6)钱是否一定会带来快乐？

(7)有没有一种东西比金钱更重要、或比金钱带来更大的满足感呢？

(8)你是否甘愿为了金钱、名望而放弃一切呢？有没有除了比上面所说的这些更值得追寻的东西呢？

## 六、注意事项

（1）拍卖过程中，要注意纪律不能太乱，否则活动就成为乱哄哄的滑稽表演。

（2）有的同学可能会重复使用自己手中的代币券，主持人应注意提醒这些学员购买所付出的钱不能超过5 000元。

**【情景模拟】**

### 你是怎样填报高考（考研）志愿的？

假设我们可以重新选择，请为你所在的小组的某位同学填报高考志愿。这是大家面临的一个重大决策，回顾一下，你是如何填报你的高考志愿的？如何更好地为这位同学进行选择？运用本章学习的知识，分析你的决策方式。特别注意以下内容：

（1）说出你做决策时所使用的标准，有可能你并没有意识到它的存在，但它确实在指导你的决策。

（2）列举出你考虑到的备选方案。

（3）对于每一种方案，你拥有多少相关信息？你做出的决策是基于完全信息还是不完全信息？

（4）回忆一下你是如何做出最终决策的，你是认真地对每一种备选方案可能的意义和结果进行思考而做出的吗？或者你根本就是依靠自己的直觉做出决策的？在决策过程中你有没有借助一些经验的帮助？

（5）现在你是否认为你的决策过程受到了一些偏见的影响？

（6）现在，你认为你的决策是理性的吗？为了在将来提高你的决策水平，你需要在哪些方面提高自己的决策能力？

（7）和别的同学交流决策过程，互相指出需要提高的方面。

# 第六章　目标和计划的确立

## 一、展示的内容要求

展示的内容应为本章的知识点和重点，本章展示应覆盖以下主要内容：

（1）目标管理的重要性，设置目标的方法。
（2）目标管理的基本思想。
（3）定义计划、计划的层次和类型。
（4）战略计划和行动计划。
（5）计划的体系和计划制订的主要步骤。

## 二、互动环节

**【案例 1】**

### 某公司的目标管理[①]

某公司刘总经理在一次职业培训中学习到很多目标管理的内容。他对于这种理论逻辑上的简单清晰及其预期的收益印象非常深刻。因此，他决定在公司内部实施这种管理方法。首先它需要

① 资料来源：姬定中，《管理学》（第 2 版），北京：科学出版社，2011 年版。

为公司的各部门制订工作目标。刘总认为：由于各部门的目标决定了整个公司的业绩，因此应该由他本人为他们确定更高目标。确定了目标之后，他就把目标下发给各个部门的负责人，要求他们如期完成，并口头说明在计划完成后要按照目标的要求进行考核和奖惩。但是他没有想到的是中层经理在收到任务书的第二天，就集体上书表示无法接受这些目标，致使目标管理方案无法顺利实施。刘总感到很困惑。

**思考与讨论：**

根据目标管理的基本思想和目标管理实施的过程，分析刘总的做法存在哪些问题？他应该如何更好地实施目标管理？

**【案例 2】**

### 鞭打快牛[1]

一个财年下来，李经理的公司业绩超额完成 30%，但他显然没有因此而感到高兴，相反，他却显得一筹莫展。

这几年，销售目标已经由前年最初的 2 000 万元提高到了今年的 8 500 万元，利润也由最初的 800 万元提高到 1 900 万元，但股东们还是不断提出新要求和更高的利润目标。2004 年经过公司上下奋力拼搏，克服种种困难，完成了 1.2 亿元的销售额，但没谁知道董事会今年还会在此基础上又要增加多少任务指标，这样年年加码，明年能完成多少谁又有把握呢？

而一旦市场的多变性影响到业绩，股东和投资者们的评判标准则会有一个转变。为了保持公司业绩的可持续和稳健性，谨防今年的不确定性因素影响到公司的业绩。李经理让财务总监在去年的财务上减少 3 000 万元，把这部分利润转移（预留）到今年。

① 资料来源：A. G. 雷富礼，拉姆·查兰，辛弘著，石超艺译，《游戏颠覆者》，北京：机械工业出版社，2009 年版。

**思考与讨论：**

你怎样看待李经理的做法？如果你是股东，你会如何来给管理层设定目标？

**【案例 3】**

## 塞达斯酒店[①]

塞达斯酒店是一家拥有 300 间客房的豪华型海滨度假酒店，位于亚得里亚海沿岸比较偏远的地区。多年来，它一直以豪华的设施和优质的服务而享有盛誉，企业内部从管理层到服务员素质都相当高。它的员工从第二次世界大战后创业以来就一直与它同呼吸、共患难，他们认为公司为他们考虑得非常周到，因此都对它怀有一颗赤诚的心和高度的责任感。所以公司的人员变动一直就不大，尤其是与同行业的其他企业相比。

最近几年来，这些工作多年的员工们开始陆陆续续进入退休年龄，而这个小镇的劳务市场也开始萎缩，越来越多的人开始到大城市里找工作。结果，那些即将退休的员工逐渐被一些外地的年轻人取代，而这些人却常常要赶很远的路来上班。

这几年虽然塞达斯酒店对其建筑和地基一直进行修缮，食物、房间用品、娱乐设施等都尽力维持优良，但其服务质量已经开始下降，一些长年的老客户已经不再光顾，酒店的声誉也日渐衰落。总经理曾多次召开高层管理人员会议商讨对策，大家一致认为企业的管理机制已经失灵，监督部门必须对基层雇员施展权威。他们认为这些新来的年轻雇员缺乏责任心，惰性强，不尊重权威。而这些新人则抱怨他们有些想法很现代，会对酒店很有帮助，可就是没人听。

---

① 资料来源：斯蒂芬·罗宾斯，《管理学》（第 5 版），北京：中国人民大学出版社，2007 年版。

9个月前，新来了一位总经理替下了曾经在酒店工作长达11年的前任总经理。股东们充满着希望，认为这位新经理会扭转酒店的乾坤，但是营业旺季已经过去了，仍不见任何起色。股东们与总经理召开全体职员大会，打算商讨出一套能使酒店走向正轨的行动方针。

**思考与讨论：**

1. 塞达斯酒店出了什么问题？

2. 总经理应该集中力量解决什么问题？

3. 请你制订一个行动方针（制订出该酒店的计划）帮助总经理走出困境。

**【游戏1】**

## 武林高手之整蛊专家

形式：小组游戏，参与人数不限

时间：40分钟

材料：汽球、飞镖、纸张

场地：室内

目的：体验在游戏活动中目标和计划给我们带来的益处

游戏规则：

双方各派一位“武林高手”前来选题，所有的题都在气球内，但是有的气球里有题有的没有，如果抽到有题的那组成员在十秒钟之内回答，如果回答出来，那么就恭喜这组，不但可以获得奖品积分两分还可以获得整蛊另外一组的机会，如果拿到的气球内没有题，那么同样恭喜这一组，你们不用答题，可以直接得到奖品积分和整蛊另外一组的机会，但是如果抽到题的那组选手回答不出来，那么结果刚好相反，你们将被另外一组整，双方选手都不计算分数。

惩罚规则：

（1）可以实施整蛊的组可以对被整组玩一个可能大家都知道的游戏，即真心话大冒险；

（2）胜利的一组有权要求失败组的一个成员来选择真心话或者大冒险；

（3）如果选择的是真心话，那么胜利组的组员对被惩罚组的那位成员提出一个问题，该成员必须真心的回答，否则会受到其他处罚；

（4）如果选择的是大冒险，那么就由胜利方来要求失败方做动作，失败方被选中成员必须照做。

**【游戏 2】**

### 大瞎话

形式：集体参与

时间：20 分钟

材料：眼罩、绕口令素材、谜语素材和其他整蛊素材

场地：不限

目的：这个游戏学员可以通过制订计划来达到个人目标。活跃气氛、激励同学积极参与发挥他们的最高水平，达到增进友谊、团结互助、积极向上的效果。

内容：由一人蒙上眼睛扮“盲人”，坐在“盲人”左侧的人开始不断地指在座的每一个人。当他指向其中的一个人时，就问“盲人”：“这个行不行？”“盲人”如果说不行，就继续指下一个人。直到“盲人”同意的时候，被指的那个人就是被游戏选中的人。“盲人”摘下眼罩，根据每个人的表情来猜测谁被选中了，而参与的人不能告诉盲人。当然，被选中的也可能是“盲人”自己。盲人要出一个题目或者说指定一个节目，要被选定的人去完成。和大冒险一样，节目越刺激越好。下一轮，由上一轮被选定人来做盲人。

**【游戏 3】**

## 玩具公司

形式：小组游戏，参与人数不限。

时间：40 分钟。

材料：彩色纸张、塑料袋、订书机。

场地：室内。

目的：体验在经营活动中计划给我们带来的益处。

程序：

（1）将成员平均分成两组，每组产生一名主管，两组比赛完成玩具船的生产。成员均是玩具公司生产部的员工，负责生产两种类型，三种颜色的玩具船。

（2）介绍游戏时间。游戏时间总共有 50 分钟，其中 30 分钟的计划时间，20 分钟的生产时间。游戏的时间是从星期三到下星期一，当中包括一个星期六。如果有需要的话，你可以安排在星期六加班。每天相当于 5 分钟，游戏时间总共有 25 分钟。培训员会宣布新一天的开始。

（3）对于所需材料及材料成本的说明。游戏开始时，每个小组会有一些材料储备。它们包括彩色纸张（每种颜色各两张），两个塑料袋及一个订书机。材料可向培训员采购，所有材料需要一天的时间送到你的工厂，所以当你下采购单时需提前一天（4 分钟）。材料成本见表 1。

（4）关于加班费的说明。如果需要周六加班，每名员工将获得 5 元加班费。即使只有一个员工于周六加班，主管也须回到工厂监督工作。所以你必须决定加班为你带来的收益是否大于加班的费用。

（5）关于订单的说明。对于准时交货的订单，你会得到全额的付款。迟到一天交货的订单，你会得到一半的付款。迟于一天以后交货的订单将被拒收。产品售价见表2。

**表1　材料及成本**

| 材料 | 用　途 | 成本 |
| --- | --- | --- |
| 彩色纸张 | 用于生产轮船<br>（每一张彩色纸张可生产2架轮船） | ¥4.00/张 |
| 塑料袋 | 用于包装轮船<br>（一个完整的订单只需一个塑料袋包装） | ¥4.00/个 |
| 订书机 | 包装设备<br>（一个完整的包装需要于塑料袋的袋口钉上五口钉） | ¥5.00/个 |

**表2　产品售价**

| 产品类型 | 旧订单 | | 新订单 | |
| --- | --- | --- | --- | --- |
| | 准时交货 | 延迟交货 | 准时交货 | 延迟交货 |
| 长城号轮船 | ¥4.00/架 | ¥2.00/架 | ¥5.00/架 | ¥2.50/架 |
| 红旗号轮船 | ¥6.00/架 | ¥3.00/架 | ¥8.00/架 | ¥4.00/架 |

（6）在30分钟的计划时间内，每个小组可以进行分配资源、分析订单、计划生产程序、计划定购材料、安排员工培训等活动。要注意，每天必须要先把旧订单完成，才可以生产新的订单。开始游戏时，每组均有5架长城号轮船和3架红旗号轮船的旧订单于周三交货。

（7）辅导员会于计划时间开始10分钟后安排一个叠轮船的培训，使你们熟练生产轮船的方法和程序以满足订单的生产要求。

（8）特别事项说明。每组均有一个员工会在星期四休假一天。辅导员会在小组做计划的时候通知主管谁是休假的工人。小组的包装设备，会在星期五送去作维修和保养。

（9）所有完成的产品必须连同填写好的订单交给辅导员。

（10）新订单由辅导员随时发出。

（11）每组派代表做另一组轮船的验收和结算。

**【游戏 4】**

## 我有一个梦

形式：集体参与。

时间：20 分钟。

材料：笔和纸。

场地：不限。

目的：这个情景模拟可以发挥学生的最佳水平，停止拖延，设立和达到学生的个人目标。克服焦虑和对失败的担心，激励员工发挥他们的最高水平，帮助别人杜绝拖延，帮助别人渡过难关，激励长期表现欠佳的员工，激发团队达成最佳的绩效，帮助团队设立和实现目标，激励大型组织的成员。

（1）设立和达到学生的个人目标。

（2）员工激励。

（3）激发创造力。

游戏规则和程序：

**第一部分**

让人们进入放松的状态。当你用舒缓的语调复述下面的内容时，让他们自由地呼吸并闭上眼睛：

自由呼吸，心无杂念。我将带你进行一次想象之旅。集中注意力于我的语音，并感觉你的身心开始越来越放松……继续放松……

你周围是一片黑暗……你完全被夜色所包围……你感到温馨、放松和自如。集中神志于你的呼吸，轻松地慢慢呼吸。集中神志于你周围的令人舒服的夜色，在远处，你仿佛看到了一个圆圆的小物体。慢慢地、逐渐地，它离你越来越近，最后离你只有1米远；它悬挂在黑色夜中，就在你的眼前。这个物体上有一个钟表，它的时针和分针都指向了12，这是一个普通的表，普通有黑色指针和普通的……白色的……表盘。

当你继续集中神志于表盘和指向12的指针的时候，你开始感到时间好像开始凝固了。现在，慢慢地，分针开始沿着表盘走动，开始的时候很慢，然后稍快，后来更快。在几秒钟的时间之内，它已转了一圈，时针现在指向1点了。分针继续转动，而且速度越来越快，因此时针也从一个数字跳到另一个数字，速度越来越快……当指针继续绕着表盘旋转的时候，你感到自己正被轻轻地拉……轻轻地被拖进未来之城……当你穿越时间的时候，缕缕的空气轻轻地擦着你的肌肤……直到最后，你开始慢下来……表针终于停下来了，整整10年已经过去了。

你向左边的远处看去，你看到在光亮的地方有个人。那个人就是你，10年后处在理想的工作环境中的你。对你来说万事如意。将你的意识融到未来的你身上，感受未来的温馨和积极。现在环顾四周，谁和你在一起？你看到了什么样的工作环境？你看到了什么样的设施和家具？周围的人们在说什么？这里有一扇窗户吗？你能看到窗外吗？如果能，你看到了什么？集中神志于你能看到的、感觉到的和听到的细节，并让自己感受未来之你的成就和纯粹的满足……

现在你感到自己又被拖进黑暗中，直到在远处，另一个场景开始浮现。就在正前方，你看到自己在另一个光明之地。这次是整整10年之后，你处于一个理想的家中，诸事完美……万事如意……你的身心洋溢着温馨、自豪的感觉……在光明之地环顾四方。谁和你在一起？你看到了什么家具？尽量集中神志于声音，让意象越来越清晰。集中神志于你能看到的、感觉到的和听到的细节，并让自己感受未来的你的成就和纯粹的满足。

当你又被轻轻地拉向黑暗时，光明之地开始暗下来……当我告诉你睁开眼睛时，你将重新回到现在，你将回忆起你美好的未来形象，那些美妙的成就感和满足感将在心中留驻……好了，慢慢地、慢慢地，睁开你的眼睛，你又回到了现在。

第二部分

让参与者记下某些意象中的细节。让他们写下一个简短的计划，表明从现实到想象意象的过程中，他们有什么收获。

最后，就想象和为激励做规划的重要性展开讨论。

**思考与讨论：**

1. 在光明之地你看到了什么？当看到这些形象的时候，你感觉如何？

2. 你睁开眼睛之后，成就感和满足感还延续吗？

3. 展望美好的未来怎样改进了你的生活？

**【情景模拟】**

## 计划与评价

1. 目标

（1）培养学员创意性思维。

（2）培训学员制订计划能力。

（3）培养学员分析评价能力。

（4）培养学员沟通能力。

2. 内容与要求

（1）将全班分成 A、B 两组，并相对而坐，围成圆圈。

（2）教师每十分钟发放一个题目（也可以抽签）。

（3）前 30 分钟由 A 组制订计划，B 组分析评价计划；后 30

分钟 A、B 两组轮换角色。

（4）教师公布题目后，负责制订计划的一组用抢答的方式确定制订计划者，经过 5~10 分钟准备后提出一个简要的计划。

### 3. 制订计划的重点

（1）注重创意思维。

（2）注重方案运筹，形成基本合理的可行方案。

计划提出后，另一组成员对该计划进行评论，指出其合理之处，以及存在的问题和不足；制订一方成员可对计划做进一步补充和解释说明。

每一个计划的题目大约进行 10 分钟，总共需要 40 分钟。

### 4. 成果与检测

（1）对于通过竞争制订计划的学员，为 1 分；计划制订较好者为 2 分。

（2）分析评价方态度积极，观点正确，为 1 分；表现突出反驳有力的为 2 分。

（3）其他参与发言的，一般记 1 分，较好的一般记 2 分。如果计划好，评价也好的总分记 3 分。

（4）游戏结束后上交书面资料（即计划提纲）。

### 5. 计划项目

下面是一些计划项目选择 6 个即可：

（1）请你为校园“十大歌手大赛”进行策划。

（2）请为我班策划一次周末联欢活动，草拟计划书。

（3）计划在“3·15”消费者权益日策划一次街头宣传活动，请你作一份策划书。

（4）如果你想承包一家校园超市，你怎样经营策划。

（5）运用目标管理原理与方法，为你所在的班级设计一份简要的目标管理方案。

（6）假如你所在寝室同学之间关系不和，寝室卫生较差，你作为新任寝室长将如何改变这种局面。

（7）学员会举行校内大规模校园文化活动，需要你去拉赞助，请制订一份工作方案。

# 第七章 战略管理

## 一、展示的内容要求

展示的内容应为本章的知识点和重点，以便学员加深理解，为后续的互动环节奠定基础，不可照搬老师的上课材料。鼓励学员搜集和展示属于本章内容，但老师讲课或课本未涉及的内容，不过这类内容不宜太多。本章展示应覆盖以下主要内容：

(1) 战略管理的相关概念。

(2) 波特的“五力模型”。

(3) 核心竞争力理论。

(4) 三种基本的竞争战略。

## 二、互动环节

**【案例 1】**

### “御味园”的发展战略①

“御味园”是一家大规模的中餐连锁店，常胜是其中一家的经理。这家店位于 S 市。常经理发现 S 市有很多上了年纪的老人愿

① 资料来源：邢以群，《管理学》，北京：高等教育出版社，2007 年版。

意到他的店里来吃早餐，而且似乎专门要那种10元钱，带免费茶水的套餐。这些老人不是一般的常客，而是几乎每天早上八点钟就来了，然后要一份套餐，坐上三四个小时，和朋友边喝茶边聊天。常经理店里的员工和这些熟客都非常友好，总是叫他们“张老”“王老”，而这些顾客也对员工很亲切，用名字称呼他们。他们之间的这种亲密关系也恰恰符合了连锁店与顾客保持朋友关系的原则。常经理也很喜欢这种氛围，觉得每个人都像一个大家庭的一分子（优势1：有忠诚的顾客群）。

这些顾客几乎不点别的食物，但是他们非常有礼貌，对每一个进来的新顾客都热情招呼，无论是否认识；他们之间也很熟悉；而且在他们临走的时候，都会把桌面收拾得干干净净。他们通常在早饭期间聚集，规模在一百人以上。餐厅暂时没有拥挤的问题，但是如果人数持续增长下去，恐怕就会略显狭窄。常经理发现这些老年顾客通常在中午午饭就餐的人多之前的中午11点至12点之间陆续离去。

常经理现在面临两难选择，一方面他的餐厅在外面渐渐有了“夕阳红”餐厅的名声（优势2：有一定的品牌），一些想进行比较丰富消费的青年顾客不愿意光顾他的餐厅（劣势：丧失了部分市场），这是他所不愿意看到的，而且他的压力很大，非常希望餐厅能有比较高的流动率以实现增长，而这些老顾客坐的时间似乎太久了。但是他又觉得这些和蔼可亲的老顾客是非常宝贵的资源，而且他和他们都相处得非常愉快。他知道这些老人很喜欢听戏，他考虑是否增加这个项目，同时适当地增加费用，比如说每个人加收 2 元钱的节目费，这个波动他猜想老人们应该乐意接受。

**思考与讨论：**

常经理应该如何选择餐厅未来的发展战略呢？

【案例2】

## "老牌"企业的竞争[①]

海清啤酒成功地在中国西部一个拥有300万人口的C市收购了一家啤酒厂，不仅在该市取得了95%以上市场占有率的绝对垄断，而且在全省的市场占有率也达到了60%以上，成了该省啤酒业界名副其实的龙头老大。

C市100公里内有一金杯啤酒公司，3年前也是该省的老大。然而，最近金杯啤酒因经营不善全资卖给了一家境外公司。

金杯啤酒在被收购后，立刻花近亿的资金搞技改，还请了世界第四大啤酒厂的专家坐镇狠抓质量。但是新老板清楚得很，金杯啤酒公司最短的那块板就是营销。为一举获得C市的市场，金杯不惜代价从外企挖了3个营销精英，高薪招聘20多名学员，花大力气进行培训。

省内啤酒市场的特点是季节性强，主要在春末和夏季及初秋的半年多时间。一年的大战在4、5、6三个月基本决定胜负。作为快速消费品，啤酒的分销网络相对稳定，主要被大的一级批发商控制。金杯啤酒没有选择正面强攻，主要依靠直销作为市场导入的铺货手段，由销售队伍去遍布C市的数以万计的零售终端虎口夺食。

金杯啤酒的攻势在春节前的元月份开始了，并且成功地推出了1月18号C市要下雪的悬念广告，还有礼品附送，覆盖率和重复购买率都大大超出预期目标。但是，金杯在取得第一轮胜利的同时，也遇到了内部的管理问题。该公司过度强调销售，以致把结算流程、财务制度和监控机制都甩在一边。销售团队产生了骄傲轻敌的浮躁，甚至上行下效，出现"不捞白不捞"不良现象。公司让部分城区经理自任经销商，白用公司的运货车，赊公司的

① 资料来源：刘汴生，《管理学原理》，北京：科学出版社，2006。

货，又做生意赚钱，又当经理拿工资。库房出现了无头账，查无所查，连去哪儿了都不知道。

面对竞争，海清啤酒在检讨失利的同时，依然对前景充满信心。他们认为对手在淡季争得的市场份额，如果没有充足的产量作保障，肯定要跌下来；而且海清的分销渠道并没有受到冲击，金杯公司强入零售网点不过是地面阵地的穿插。

如今，啤酒销售的旺季，也就是决胜的时候快到了，您认为海清啤酒应该怎样把对手击退，巩固自己的市场领导地位呢？

**思考与讨论：**

1. 运用SWOT分析法，分析海清啤酒面临的环境。
2. 如何评价金杯啤酒的竞争战略？
3. 海清啤酒应采用什么样的战略？

**【案例3】**

## 网代的发展战略①

网代公司是一家依靠新技术起家的刚成立的高科技小企业（说明是新兴产业）。它依靠的是一种叫做合作过滤器的技术（优势1：公司有核心技术），这种与国外“萤火虫科技”相仿的技术，原理是通过“过滤器”功能，允许用户建立一个代理，然后不断细化网代对客户的认识。当用户在互联网上进行浏览，寻找自己所需的资料，或者适合自己品味的信息的时候，他可以携带他的“网代通行证”。当遇到支持“过滤器”功能的站点的时候，他就可以获得相关的介绍和建议。另一个重要功能是，通过在过滤器上建立代理，用户的兴趣爱好会被自动检索分类，这样，趣味相投的人将会分享他的爱好，组成志同道合的虚拟小社区。（优势2：产品定位）

① 资料来源：邢以群，《管理学》，北京：高等教育出版社，2007年版。

网代公司对这种技术将在全国风靡很有信心，一些风险投资商也这么认为，因此注入了大批研究和开发基金。但是产品面世后，感兴趣的人很多，但是试用者在使用一段时间后发现了很多不方便的地方，最主要的有两个。

第一，支持这种过滤器技术的站点并不是很多，这使得很多时候，用户找不到适合自己的信息。用网代的过滤器，还不如使用搜索引擎。

第二，这种技术仍然不够强大和细化，特别是不够灵活。用户对过滤器提出了更高的智能化要求（劣势：产品不成熟）。

显然市场反馈并不让人鼓舞，投资者们开始动摇。这时，网代公司集中技术精英，对过滤器技术进行了全面升级，使之强大和丰富了许多（优势 3：产品趋于成熟）。在一场演示会上，网代公司的演示说明吸引了一家大型跨国公司的目光，它的代表希望雇用网代公司，利用它的过滤器技术，长期从事市场信息采集和分析工作，条件是网代不再对市场其他客户使用这种过滤器技术。

公司的股东们为网代的前途展开了激烈的争论。一些投资者认为应该接受那家大型跨国企业的优厚条件，原因是这种技术正在迅速走向成熟，网代在演示会上就发现了许多模仿者的身影，他们通过模仿节约了成本，在争取公众市场上更有价格优势（威胁 1：模仿者）。虽然现在网代的技术领先一步，但未来如何很难说。

另一部分投资者则坚决反对将网代变成一个数据采集和分析商。他们坚持说，只要持续不断地革新，就能在技术上保持领先，更重要的是，网代在这个市场上已经有了先声夺人的品牌声誉（优势 3：有品牌效应），现在关键是迅速扩大支持过滤器功能的站点。在一份权威调查中，他们已经发现有 90%以上的网站愿意支持这种技术以得到更多的点击率（机会：有需求）。他们认为，网代只要再花些钱为这些站点革新设备，就能让公司迅速发展。但是他们也承认过滤器技术已经迅速普及，很多其他模仿者的竞争力在

迅速接近。(威胁2：市场成熟快)

**思考与讨论：**

你对网代未来的发展有什么看法呢?

(本案例可以用新兴产业的知识或研究开发战略的知识解决，这类题弹性较大，可用“五力”和SWOT分析工具进行分析。)

**【案例4】**

## 民营企业发展转型期的战略与变革①

经过12年的艰苦创业，李先生的恒达集团已具备了坚实的竞争实力和根基，并考虑更高层次的发展。目前公司总资产2亿元，年销售收入3亿元，年净利润1 000万元，(优势1：实力强)并且销售收入和利润正以年平均15%的速度递增。(市场增长率快，为金牛企业)

制药业和轻工业是集团的两大支柱产业。制药公司设备先进并拥有数个基本类药物但目前缺乏新、特药品种，利润稳定。轻工方面市场需求增长很快，产品严重供不应求，但该行业市场进入壁垒较低，生产厂商众多，竞争激烈。(多元化经营，但发展不平衡)

公司目前的困难直接体现在：① 融资困难，公司有非常具市场前景的项目以及厚实的企业基础，但作为民营企业其融资渠道缺乏，资金问题以成为企业发展的瓶颈；② 人员问题，公司中随同李先生创业的元老们忠诚有余但不具备现代企业管理能力和素质，但要更换他们也很为难，且公司的人才引进、培训、激励机制尚未建立，使得人才的匮乏问题一时内难以突破。(劣势：融资困难、人员问题)

李先生意识到企业今后竞争的残酷性和紧迫性，他必须在短

① 资料来源：斯蒂芬·罗宾斯，《管理学》(第5版)，北京：中国人民大学出版社，2007年版。

期内完成企业向现代企业的转型，完成对老企业的改造，确立更明确的战略发展思路，迅速壮大企业规模，为此他希望在以下几方面着手进行企业变革，使企业在更高的层次能有进一步的发展。

（1）公司战略的制定：方法和框架。

（2）公司高层的平稳顺利调整和人力资源系统的构建。

（3）符合公司实情的资本运作思路。

**思考与讨论：**

**请你对上面三个问题提出你的看法。**

**【案例5】**

## 悦来公司分析[①]

悦来企划有限公司（以下简称企划公司）是悦来集团公司（以下简称悦来）控股的子公司，注册资本为600万元。自1998年设立以来，企划公司一直赢利，净资产收益率为20%左右，年创税后利润200万元以上，营业收入年增长率为30%左右。然而，就是这么一个既赢利又在发展的公司，2004年被悦来悄无声息地关闭了。

原因很简单，用悦来创始人的话说："悦来创办企划公司的初衷，是期望企划公司能够开展管理咨询、企业策划业务，借此提升悦来的整体形象。悦来的主业是汽车零部件，净资产收益率在10%以上，悦来不缺钱。悦来创办企划公司，不是要企划公司赚钱，经营油条烧饼也能赚钱，但悦来集团公司不赚这个钱。"实际上，企划公司开展的是广告业务，特别是户外广告业务和宣传画册的发行业务。企划公司每年的董事会上，悦来总部都一再强调企划公司要开展管理咨询业务，并向企划公司施压。企划公司为了开展管理咨询业务，2001年引进了某名牌大学的博士，2002年还撤换了公司

① 资料来源：周斌，《管理伦理学》，上海：上海交通大学出版社，2005年版。

总经理，但管理咨询业务仍没能开展起来。由于连续6年企划公司都没能开展管理咨询业务，悦来创始人只好下令关闭企划公司。

悦来的主业，汽车零部件业属技术成熟行业，员工经过简单学习后，都能进行生产活动。悦来的企业文化强调权力的支配作用，上级对下级具有绝对的控制权。悦来把这种文化同样分毫不差地再移植到企划公司中。悦来在主业方面实行的是低成本战略，取得了成功。但低成本战略在企划公司遇到阻力，企划公司员工不能忍受相对较低的工资水平，员工流动率高达100%。悦来在主业方面实现了“平凡的员工创造非凡的业绩”(这里指生产出了优质的产品)，但在企划公司，平凡的员工却创造不了非凡的业绩(这里指提供不了管理咨询服务)。

**思考与讨论：**

根据你所学的战略管理相关知识，请回答以下问题：

1. 悦来从汽车零部件业进入新的管理咨询业，这是什么类型的多元化？

2. 从权力分配的角度，悦来的企业文化属于哪种类型？为什么同样的企业文化，在企划公司，平凡的员工为什么创造不了非凡的业绩？

3. 从人力资源战略角度，同样的工资水平，悦来的汽车零部件业取得了成功，企划公司员工却感到很不满意，频繁流动。这是为什么？

4. 企划公司一直赢利，悦来却关闭该子公司，这是为什么？

**【游戏1】**

## 穿越玉米地[1]

企业家要从战略上思考企业发展。如同古人所说：“凡事预则

① 资料来源：A. G. 雷富礼，拉姆·查兰，辛弘著，石超艺译，《游戏颠覆者》，北京：机械工业出版社，2009年版。

立，不预则废。”企业的竞争表现为一个决策层同另一个决策层的较量，表现在对未来的把握上。把握住未来方向，你又比别人先行一步，你就接近成功了。

请大家设想一下：此时此刻，你们站在一片玉米地前，田野上，清新的风徐徐地吹来。铺展在你们眼前的，是一片果实累累的玉米地，同时，这又是一片隐藏着无数大大小小陷阱的玉米地。今天，你们即将穿越它。相信在你们的脑海里一定已经出现了一个天空地旷的大原野，这可能还会勾起那些出生在农村或者看过电影《红高粱》的人想到一些悠远而甜蜜的记忆……

现在，你和你的对手们将要进行一场有趣的竞赛：看谁最早穿越玉米地，到达神秘的终点，同时，他手中的玉米又最多。也就是说，你穿越玉米地，要比别人更快，手里要有更多的玉米，而且要时刻保证自己的安全——这是“穿越玉米地”定律的三个核心要素：速度、效益和安全。

游戏时间：30分钟。

游戏材料：木砖，椅子，玉米，长绳（25米）数根。

游戏目的：

让学员了解当自己的人生开始一场新的角逐的时候，在自己的事业掀开新的一页之际，自己曾经认真地直面过这个问题吗？而这个问题又真的有那么重要吗？你或你的团队有战略目标吗？

游戏场景：

将数根25米的长绳在空中拉开上面栓上玉米，绳子可系在椅子上，绳子下面用木砖做陷阱。

游戏规则：

1. 全体参加者按自愿或讲师指派，组成2~4人的若干小组。小组的总数必须为偶数。

2. 然后每两组配对，彼此作为竞争对手。

3. 各组分别给自己的团队命名，报知讲师。

4. 看哪个小组最早穿越玉米地，手里要有更多的玉米，而且要时刻保证自己的安全。

**思考与讨论：**

1. 小组是否制定战略目标？是根据什么确定的？
2. 制定战略目标的原则与步骤是什么？
3. 胜利的原因是什么？失败是原因是什么？

**【游戏 2】**

### 团体气球赛

参与办法：六人一组，一张嘴，两只手，一个屁股，两个胳膊。

细则：一个人吹气球（只能动嘴不能动手）另一个人用手拿着气球。气球吹好后放在凳子上，有另外两个人抬着一个人用屁股压破气球。（演示）

规则：游戏分两组同时进行，比较在五分钟内哪一组压破的气球最多。多者胜出。

**思考与讨论：**

1. 在这个游戏中，体现了那些战略？
2. 做完这个游戏你有何感想。（关于战略方面的）

**【游戏 3】**

### 踩气球

目的：活跃气氛，增进协调性和协作能力。

要求：每组人数为三名，共两组。

步骤：当场选出六名同学，左右脚捆绑 3～4 个气球，在活动开始后，互相踩对方的气球，并保持自己的气球不破，或破得最少，则胜出。

【游戏 4】

## 蒙眼前进 5 步或 6 步拿礼品的游戏

方法：

1. 各队轮流派出 1 人。
2. 把礼品放在起点前方 5 步的地方。
3. 回到起点蒙眼旋转三次以后出发。
4. 能够准确前进 5 步，第 6 步拿多的一组获胜。

游戏总结：通过做游戏，我们可以看得出，做事要有一个明确的战略。要做战略，首先要有一个明确的战略目标，实施并控制战略的进行，并且要注意竞争对手的情况。

【情景模拟】

## 你是怎样对企业的战略进行分析的？

假设你是一名咨询师，现在有一家公司（可以自己选定一家公司）要求你对其外部及内部环境进行研究，并对其未来经营提出具体建设。要求做出综合分析报告，要准备一些图示以支持自己的建议，要用一些文字说明来加强你的图示，外加一些图表。

在准备综合分析报告时，可以遵循下列基本步骤，使它与战略管理过程的顺序相一致。

步骤 1：认定公司的现时任务、目标和战略。

步骤 2：为组织制订基本任务陈述。

步骤 3：认定组织面对的外部机会与威胁。

步骤 4：构造一个竞争态势矩阵。

步骤 5：构造一个外部因素评价（EFE）矩阵。

步骤 6：认定组织的内部优势及弱点。

步骤 7：构造一个内部因素评价（IFE）矩阵。

步骤 8：准备 SWOT、BCG、IE 等矩阵，说明各种备选战略的优点与缺点。

步骤 9：提出具体战略和长期目标，说明实施你的建议所需要的费用，要分年、分项目列明这些费用，同时将你的建议与公司的实际战略进行比较。

步骤 10：说明实施你的建议的方法及预期结果，计算预测收益率并制订预计财务报表，制订实施行动方案的时间表。

步骤 11：提出具体的年度目标和经营政策。

步骤 12：提出对战略进行审查和评价的程序。

# 第八章　组织结构与设计

## 一、展示的内容要求

展示的内容应为本章的知识点和重点，以便学员加深理解，为后续的互动环节奠定基础，不可照搬老师的上课材料。鼓励学员搜集和展示属于本章但老师讲课或课本未涉及的内容，不过这类内容不宜太多。本章展示应覆盖以下主要内容：

(1) 组织职能概述。

(2) 部门化的方法。

(3) 常见的组织结构形式。

(4) 组织结构发展趋势。

## 二、互动环节

**【案例 1】**

### 宏伟建筑设计研究院的组织结构[①]

宏伟建筑设计研究院是一所甲级设计研究院，专门从事工业、民用建筑的设计、预算、城市规划设计以及土建勘察和施工监理。

① 芮明杰，《管理学》，北京：高等教育出版社，2005 年版。

1994年前后宏伟院组织机构图（按项目划分：四个实力相当的综合设计室）如图8.1、8.2所示。

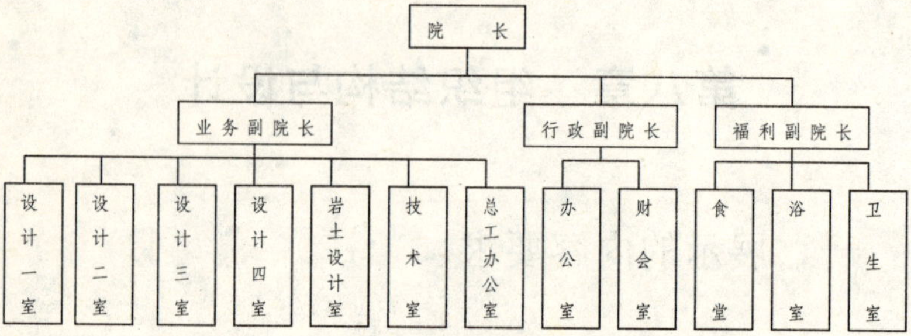


**图8.1 1994年以前宏伟院组织机构图**
**（按项目划分：四个实力相当的综合设计室）**

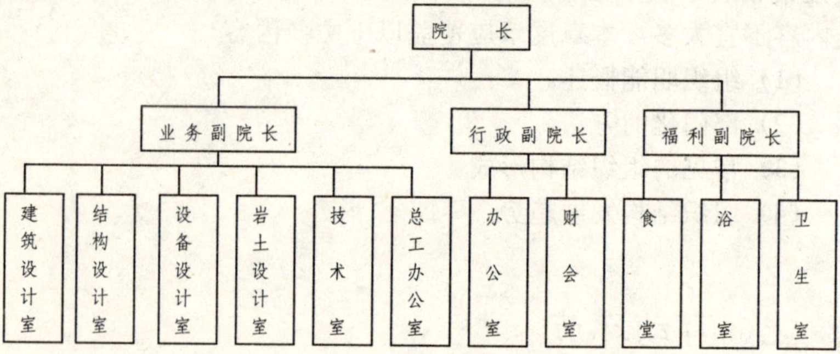


**图8.2 2008年以后宏伟院组织机构图**
**（按专业化分：四个专业设计室）**

**思考与讨论：**

1. 调查某一建筑设计院，这种类型的组织有什么特征？
2. 宏伟建筑设计院的两种组织结构各有何利弊？
3. 宏伟建筑设计院应选择何种组织结构？
4. 若采用你的方案，将会面临哪些问题？如何解决？

【案例 2】

## 弗兰科的“无暇糖果”①

弗兰科·合里斯超级面包店公司怎样只用 10 个人就创造了 100 万美元的面包圈业务呢？这可不简单。制度化的面包食品业是高度竞争和分割的，没有什么机会再发展了。事实上，在过去的 10 年，行业总销售额一直在下降。而超级面包店公司，从 20 世纪 90 年代初就悄悄获得了大量市场份额，并继续维持高利润的年度收益增长。

使超级面包店更有趣的是它是如何组织的。1990 年，公司就实现了虚拟公司全国化。超级面包店关注顾客价值的关键驱动点并在这些领域发展技能和竞争力，其他则外包，而不是建立一个大型的跨职能的组织去管理企业。

弗兰科·合里斯的超级面包店公司战胜了对手，成功进入高度竞争的面包店行业。现在他正以 20%～30%的利润年增长率发展，两倍于行业平均水平。

超级面包店负责内部战略计划、营销、研发和财务/会计，但超级面包店并不自己生产。由其他面包店形成的网络负责生产，因为超级面包店有自己的收据，可自行采购原料，有自己的品牌——Nutri Dough，企业对生产质量严格控制。弗兰科·合里斯甚至雇用了一位面包大师开发新产品。订合同的面包坊只是按照超级面包店的标准执行生产每个面包的步骤。

除了产品的考虑，超级面包店在决定外包某一职能前分析对顾客重要的服务要素，最后发现订单处理对顾客的满意度的影响最大，所以即使销售、生产、库存和运输等任务都外包了，超级面包店管理层也一直保持对订单管理过程中的计划控制和追踪其他活动。

---

① 托马斯·贝特曼，斯考特·斯奈尔，《管理学：构建竞争优势》(第 4 版)，北京：北京大学出版社，2001 年版。

超级面包店的主要挑战是通过经纪人和合同协调以控制公司外部不同的职能活动。外部的经纪人、制造商和运输公司可以成就或摧毁超级面包店，因为他们处于公司和顾客之间。

一些问题可以通过与外包者明晰绩效标准到斤斤计较的程度，另外，公司开发了绩效报告系统以提供非财务和财务性的衡量标准。非财务性的标准追踪顾客满意度，而财务性标准则关心履行订单和服务顾客的成本。为了跟踪这些指标，超级面包店建立了关联的数据库存储和处理信息。技术支持有助于提供超级面包店与其合作者间的不断反馈。

**思考与讨论：**

1. 该案例弗兰科·合里斯超级面包店公司采用什么样的组织结构形式？

2. 超级面包店的组织结构有什么优点和缺点？

3. 这种组织结构有什么缺陷？怎么弥补？

4. 请谈谈你对弗兰科·合里斯超级面包店公司采用的组织结构形式的启示。

**【案例 3】**

## 万科企业股份有限公司组织结构的创新[①]

### 一、万科企业股份有限公司的发展历程简介

万科成立于 1984 年 5 月，创立初期主要是在国内代理经销日产摄录像器材。由于它及时捕捉市场机会，业务迅速上升，占领了国内同类产品市场的 60%，成为该市场重要的销售商之一。该公司与日本的 Sony、日商岩井、JVC 等著名企业建立了良好而稳定的业务联系，并形成了相对稳定的供货渠道和销售网络。但是，

① 本案例根据武汉理工大学管理学院工商管理学习网相关资料改编编写，http：//gl[0].whut.edu.cn/study_web/case_details.jsp?id=2。

由于1987至1988年间严峻的贸易形势，万科及时地进行了自身经营业务的调整，依靠本身周密而广泛的市场信息网络，不失时机地涉足工业和房地产两大新的领域。接着在1988年底公司进行了股份制改造，这改变了它的资本结构，扩大了资金的规模，为公司的长期发展注入了活力，同时也促进了公司经营管理的规模化。到1994年年底为止，通过资金参股、合作等多种形式，万科已从单纯依靠进口业务积累资金的小企业发展成为以商业贸易、工业、房地产、文化与传播为四大产业支柱的经营实体，从一家小型国有企业演变为一家颇具规模和知名度的综合性公司。

从万科的发展历程，我们不难发现，它是一个以贸易起家，而逐渐发展成为一家具备综合经营能力的集团化大公司。

## 二、万科组织结构的变革

随着万科本业的壮大与发展以及所面临的不断变化的环境，万科也在不断地变革其组织结构。

1. 在创业之初的组织结构

在创业期的前几年时间里，由于业务单一，规模较小，因而它采用了简单的直线组织结构形式，如图8.3所示：

**图8.3　万科直线型的组织结构**

虽然没有多少规章制度，然而，这种组织结构却能使万科有效地运转。

2. 目前万科的组织结构

由于万科经营活动的多元化和规模的不断扩大，万科多次变革其组织结构，组织的规章制度和职责等也得到了不断的完善。

到1994年底，其组织结构图已变为图8.4的形式。

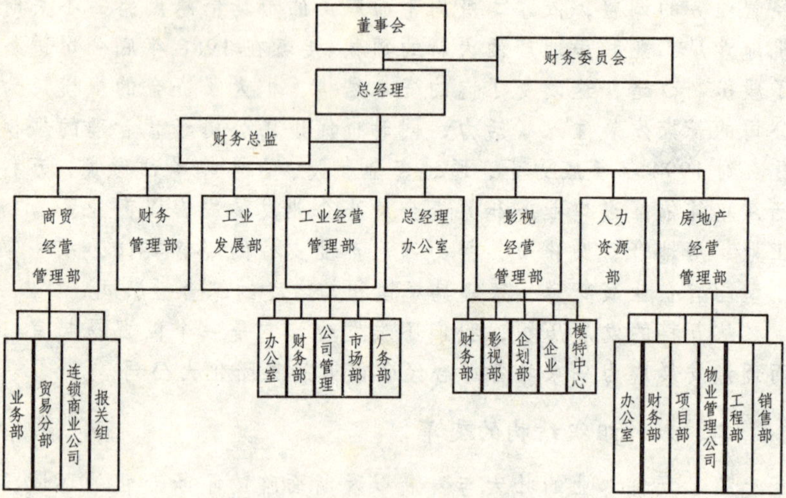


图8.4 万科变革后的组织结构

## 三、对万科现在组织结构的分析

万科根据本身的任务和环境的变化，对其组织结构进行了变革。然而，对其组织结构的变革仍有一些争论，这些争论主要集中在如下几个方面。

1. 从公司行业的性质看

万科是一个跨行业的企业集团公司。为此，相当多的人认为万科考虑到其部门产品众多，业务差异大，在各部门的经营上有很大的不同，如贸易公司与工业企业公司的运转机制差异迥然，而饮料与服装及房地产又各具特色，因此，很难对各部门进行统一的管理，只有像现在的事业部制那样实行分权管理和分级核算，才能调动各部门的积极性，使公司整体适应变化的市场环境。另一部分人则认为，分事业部制造成各事业部机构设置重叠，如各事业部都有自己的职能机构；而且各事业部只考虑本身的问题，容易形成本位主义；再则，各事业部经营项目不一，造成事业部之间职工收入差距，不如实行直线职能制的组织机构为好。

2. 从公司规模看

绝大多数的人认为，公司的经营业务广，职工人员多，已无法采用总经理为首的直线式的管理，为了调动各部门负责人和广大职工的积极性，应该让各事业部的人员有更大的自主性。而另一部分人则认为，可以通过规章制度的加强与完善来统一各部门和广大员工的协调统一性。

3. 对集权与分权的看法

绝大多数人认为由于万科经营的多样性和这么多的职工，应该把相当一部分权力下放给事业部，如不放权，凡事都集中在总经理等高层手中，这样总经理则完全忙于日常事务，无暇考虑组织的长远发展规划。如实行事业部制，公司的领导就可更多地考虑企业长远的战略和对外部环境的诊断研究，能及时地抓住关键问题处理；再则，实行分权的事业部制，也可培养更多的管理人才。而一些持不同意见者认为，万科在创业期实行集权制，当时公司运转得很好，既然集权能使公司有效运转，就没有必要去分权。

## 四、万科的组织变革后的问题

万科的组织变革使万科更加飞速地发展。然而，由于事业的飞速发展，事业部越来越多，因此，如何加强各事业部与总部以及各事业部之间的信息沟通仍是急待解决的问题。

**思考与讨论：**

1. 你能否用组织发展阶段的理论来分析万科的组织结构的变革？

2. 你认为万科实行事业部制是否是明智之举？为什么？

3. 你如何说服一些反对变革的人同意万科的组织结构的变革？

4. 你能为万科目前面临的问题提出解决方案吗?

【情景模拟】

### 设计组织结构图

形式：4人一组

时间：30分钟

场地：教室

材料：每组几张彩纸和几只彩笔

目的：

(1) 全面激发学员的想象力和创造力。

(2) 合理设计小组成员职能、分工与培养团队合作的精神，调动现场气氛。

(3) 设计组织结构。

新新广告公司是拥有三百余名职工的大型广告公司。就广告业务来说，具体工作内容有：与老顾客建立固定联系，搜寻新顾客；对承揽的广告业务进行文字创作和艺术创作；对广告内容进行电视制作、电台制作、报纸制作、杂志制作或路牌制作以及其他制作；调查各种新闻媒体的性质、栏目、时间、版面、价格、决定整段时间、整段版面、整段购买，还是分别购买，并与新闻媒体保持联系；帮助顾客设计陈列方式、包装样式或商品分配办法；帮助顾客调查市场、估计潜力、确定广告影响等。

思考与讨论：请就上述六个方面工作内容，给新新公司设计出两种组织结构模式，并用组织图表示。分析每种结构模式的利弊，以提供给总经理选择。

# 第九章 人力资源管理

## 一、展示的内容要求

展示的内容应为本章的知识点和重点，以便学员加深理解，为后续的互动环节奠定基础，不可照搬老师的上课材料。鼓励学员搜集和展示属于本章但老师讲课或课本未涉及的内容，不过这类内容不宜太多。本章展示应覆盖以下主要内容：

（1）人力资源管理在管理学中的地位。

（2）招聘。

（3）培训与开发。

（4）绩效管理。

（5）薪酬管理。

## 二、互动环节

**【案例 1】**

### 手忙脚乱的人力资源经理[①]

D 集团在短短 5 年之内由一家手工作坊发展成为国内著名的

① 资料来源：彭剑锋，《人力资源管理概论》（第 2 版），上海：复旦大学出版社，2011 年版。

食品制造商，企业最初从来不订什么计划，缺人了，就去人才市场招聘。企业日益正规后，开始每年年初制订计划：收入多少，利润多少，产量多少，员工定编人数多少，等等，人数少的可以新招聘，人数超编的就要求减人，一般在年初招聘新员工。可是，因为一年中不时地有人升职、有人平调、有人降职、有人辞职，年初又由于编制限制不能多招，而且人力资源部也不知道应当多招多少人或者招什么样的人，结果人力资源经理一年到头地往人才市场跑。

近来由于3名高级技术工人，1名退休，2名跳槽，生产线立即瘫痪，集团总经理召开紧急会议，命令人力资源经理3天之内招到合适的人员顶替空缺，恢复生产。人力资源经理两个晚上没睡觉，频繁奔走于全国各地人才市场和面试现场之间，最后勉强招到2名已经退休的高级技术工人，使生产线重新开始了运转。人力资源经理刚刚喘口气，地区经理又打电话给他说自己公司已经超编了，不能接收前几天分过去的5名大学生，人力资源经理不由怒气冲冲地说："是你自己说缺人，我才招来的，现在你又不要了！"地区经理说："是啊，我两个月前缺人，你现在才给我，现在早就不缺了。"人力资源经理分辩道："招人也是需要时间的，我又不是孙悟空，你说缺人，我就变出一个给你？"……

**思考与讨论：**

1. 该企业在人力资源管理方面出现了什么问题？
2. 为什么会出现这些问题？

**【案例2】**

### 罗芸与老马的绩效考核分歧①

罗芸在飞宴航空食品公司担任地区经理快一年了。此前，她

① 余凯成等编著，《人力资源管理》，大连：大连理工大学出版社，2006年版。

在一所名牌大学取得过 MBA 学位，又在本公司总部科室干过四年多职能性管理工作。她分工管理 10 家供应站，每站有一名主任，负责向一定范围内的客户销售和提供服务。

飞宴公司不仅服务于航空公司，也向成批订购盒装中、西餐的单位提供所需食品。飞宴公司雇请所有自己需要的厨房工作人员，采购全部原料，并按客户要求的规格，烹制他们所订购的食品，不搞分包供应。供应站主任主要负责计划，编制预算，监控分管指定客户的销售服务员等活动。

罗芸上任的头一年，主要是巡视各供应站，了解业务情况，熟悉各站的所有工作人员。通过巡视，她收获不小，也增加了自信。

罗芸手下的 10 名主任中资历最老的是马伯雄。他只念过一年大专，后来进了飞宴公司，从厨房代班长干起，直到三年前当上了这个供应站的主任。老马很善于和他重视的人，包括他的部下搞好关系。他的客户都是“铁杆”，三年来没一个转向飞宴公司的对手去订货的；他招来的部下，经过他的指点和培养，有好几位已经被提升，当上了其他地区的经理。

不过，他的不良饮食习惯给他带来了严重的健康问题，身体过胖，心血管加胆囊结石，使他这一年请了三个月的病假。其实，医生早向他提过警告，他置若罔闻。再则他太爱表现自己了，做了一点小事，也要来电话向罗芸表功。他给罗芸打电话的次数，超过其他 9 位主任的电话总数。罗芸觉得过去共过事的人没有一个是这样的。

由于营业的扩展，已盛传要给罗芸添一名副手。老马已公开说过，站主任中他资格最老，地区副经理非他莫属。但罗芸觉得老马若来当她的副手，真叫她受不了，两人的管理风格太悬殊；再说，老马的行为准会激怒地区和公司的工作人员。

正好年终的绩效评估到了。公正地讲，老马这一年的工作，总的来说，是干得不错的。飞宴的年度绩效评估表总体是10级制，10分为最优；7～9分属良，虽然程度有所不同；5～6分属于合格、中等；3～4分是较差；1～2分是最差。罗芸不知道该给老马评几分。评高了，他就更认为该提升他；太低了，他准会大为发火，会吵着说对他不公平。

老马自我感觉良好，觉得跟别的主任比，他是鹤立鸡群。他性格豪迈，爱去走访客户，也爱跟手下人打成一片，他最得意的是指导部下某种新操作方法，卷起袖子亲自下厨，示范手艺。跟罗芸谈过几次后，他就知道罗芸讨厌他事无巨细，老打电话表功，有时一天打两三次，不过，他还是想让她知道自己干的每项战绩。他也知道罗芸对他不听医生劝告，饮食无节制有看法。但也认为罗芸跟他比，实际经验少多了，只是多学点理论，到基层来干，未见得能玩得转。他为自己的学历不高，但成绩斐然而自豪，觉得这副经理是非他莫属，而这只是他实现更大抱负的过程中的又一个台阶而已。

考虑再三，罗芸给他的绩效评了个6分。她觉得这是有充分理由的：因为他不注意卫生，病假三个月。她知道这分数远低于老马的期望，但她要用充分理由来支持自己的评分。然后她开始给老马各项考评指标打分，并准备怎样跟老马面谈，向他传达所给的考评结果。

**思考与讨论：**

1. 你认为罗芸对老马的绩效考评是否合理？有什么需要改进的地方？

2. 预计老马听了罗芸对他的绩效评定，会做何反应？罗芸怎样处理？

3. 如果你是老马，对罗芸的考评结果会采取怎样的态度和做法？为什么？

【案例3】

## 诺基亚兼具理性与感性的薪酬支付策略[①]

“你每眨一次眼睛，就有一部诺基亚手机售出”“科技以人为本”这句诺基亚的广告语凭借企业和产品自身的实力早已深入人心。在中国，可以有人不了解欧洲北部的小国芬兰，但人们不可能不知道以50%多的市场占有率傲视群雄的诺基亚手机，那铺天盖地的广告让“诺基亚”这三个字成为中国市场上“手机时尚”的代名词。

谈到诺基亚的薪酬体系，一位诺基亚员工这样说：“制度里就有一种吸引力，有一种让人感觉受重视、待遇公平的魅力。而且不是纸上谈兵，那种从思考到操作细节的严谨，就让人明白，这是实实在在的自己身边的事。”的确，诺基亚的薪酬体系无处不体现理性与感性的完美结合，无处不体现“以人为本”的企业文化。

在不断完善薪酬体系方面，诺基亚做了大量的工作。首先启动了一个名为IIP（invest in people，人力投资）的项目：每年要和员工完成两次高质量的交谈，一方面要对员工的业务表现进行评估，另一方面还要帮助员工认识自己的潜力，告诉他们的特长在哪里，应该达到怎样的水平，以及某一个岗位所需要的技能和应接受的培训。诺基亚认为，优秀的薪酬体系，不但要求企业有一个与之匹配的公平合理的绩效评估体系，更要在行业内企业间表现出良好的竞争力。为此，诺基亚在薪酬体系中引入了一个重要的参数：比较率，计算公式为：诺基亚员工平均薪酬水平/行业同层次员工的平均薪酬水平，并要求每一个层次的比较率都能保持在1~1.2的区间内。这一比较率随级别的升高而明显地递增：在3~5级员工中，其薪酬比较率为1.05；而6级员工，其薪酬

① 资料来源：王凤彬、刘松博、朱克强编著，《管理学教学案例精选》，上海：复旦大学出版社，2009年版。

比较率为 1.11；到了 7 级员工，这一比率提高到 1.17。也就是说，越是重要、越是对企业有贡献的精英员工，其薪酬比较率就越高。作为一个跨国公司，其中国市场现金福利发放却完全按照中国传统的节日设计：春节 600 元/人，元旦 200 元/人，元宵节 100 元/人，中秋节 200 元/人，国庆节 300 元/人，员工生日 400 元/人。这一规定，更是让员工感受到细致入微的个性化体贴。诺基亚的薪酬体系最终成就了诺基亚的品牌。

**思考与讨论：**

1. 诺基亚在薪酬支付方面的特点是什么？
2. 如何评价诺基亚在完善薪酬体系方面所做的工作？

**【情景模拟】**

## 面　试

情景设计

这是一家美商独资企业，坐落在上海浦东金桥。面试是在一个大雨滂沱的早晨。要走到考官面前必须经过一个一尘不染却无处放置雨具的大厅，大门边站着一位笑容可掬的接待小姐，你是径自走进去还是和旁人一样面面相觑地站着？接着，要请你用电脑打字，中英文各一份，上面有许多十分明显的错误，你是否需要纠正？但要求你在规定的时间内完成。

模拟事项

学员合理分工，分别扮演考官和面试者，完成此次招聘活动。

# 第十章　领导理论

## 一、展示的内容要求

展示的内容应为本章的知识点和重点，本章展示应覆盖以下主要内容：

(1) 领导的本质与作用。

(2) 领导者应具备的素质。

(3) 领导特质理论、领导行为理论、领导权变理论。

(4) 领导方式的基本类型。

## 二、互动环节

**【案例 1】**

### 贾厂长的困惑①

贾炳灿原是上海高压油泵厂厂长，治厂有方，使该厂连获“行业排头兵”与“优秀企业”称号，已是颇有名望的管理干部了。这次是他主动向局里请求，调到这问题较多的液压件三厂来的。局里对他能迅速改变这厂的落后面貌寄予厚望。

贾厂长到任不久，就发现原有厂纪厂规中确有不少不尽合理

① 资料来源：黄维德主编，《组织行为学案例》，北京：清华大学出版社，2004 年版。

之处，需要改革。但他觉得先要找到一个能引起震动的突破口，并能改得公平合理，令人信服。

他终于选中了一条。原来厂里规定，本厂干部和职工，凡上班迟到者一律扣当月奖金1元。他觉得这规定貌似公平，其实不然。因为干部们发现自己可能来不及了，便先去局里或公司兜一圈再回厂，有个堂而皇之的因公晚来借口免于受罚，工人则无借口可依。厂里400来人，近半数是女工，孩子妈妈，家务事多，早上还要送孩子上学或入园，有的甚至得抱孩子来厂入托。本厂未建家属宿舍，职工散住全市各地，远的途中要换乘一两趟车；还有人住在浦东，要摆渡上班。碰上塞车停渡，尤其雨、雪、大雾，尽管提前很早出门，仍难免迟到。他们想迁到工厂附近，无奈无处可迁；要调往住处附近工厂，却很难成功，这致使女工很难办。所有这些，致使迟到不能全怪工人自己。贾厂长认为应当从取消这条厂规下手改革。

有的干部提醒他，莫轻举妄动，此禁一开，纪律松散，不可收拾；又说别的厂还设有考勤钟，迟到一次扣10元，而且是累进式罚款，第二次罚20元，三次罚30元。我厂才扣1元，算个啥？

但贾厂长斟酌再三，这条一定要改，因为1元钱虽少，工人觉得不公、不服、气不顺，就影响到工作积极性。于是在3月末召开的全厂职工会上，他正式宣布，从4月1日起，工人迟到不再扣奖金，并说明了理由。这项政策的确引起了全厂的轰动，职工们报以热烈的掌声。

不过贾厂长又补充道："迟到不扣奖金，是因为常有客观原因。但早退则不可原谅，因为责在自己，理应重罚；所以凡未到点而提前洗手、洗澡、吃饭者，要扣半年奖金！"这有时等于几个月的工资啊。贾厂长觉得这条补充规定跟前面取消原规定同样公平合理，但工人们却反应冷淡。

新厂规颁布不久，发现有7名女工提前2分钟至3分钟不等去洗澡。人事科请示怎么办，贾厂长断然说道："照厂规扣她们半年奖金，这才能令行禁止嘛。”于是处分的告示贴了出来。次日中午，贾厂长偶过厂门，遇上了受罚女工之一的小郭，问她道：“罚了你，服气不？”小郭不理而疾走，老贾追上几步，又问。小郭悻悻然扭头道：“有什么服不服？还不是你厂长说了算！”她一边离去一边喃喃地说：“你厂长大人可曾上女澡堂去看过那像啥样子？”

贾厂长默然。他想：“我是男的，怎么会去过女澡堂？”但当天下午趁澡堂还没开放，跟总务科长老陈和工会主席老梁一块去看了一趟女澡堂。原来这澡堂低矮狭小，破旧阴暗，一共才设有12个淋浴喷头，其中还有3个不太好使。贾厂长想，全厂194名女工，分两班也每班有近百人，淋一次浴要排多久队？下了小夜班洗完澡，到家该几点了？明早还有家务活要干呢。她们对早退受重罚不服，是有道理的。看来这条厂规制定时，对这些有关情况欠调查了解。

下一步怎么办？处分布告已经公布了，难道又收回不成？厂长新到任订的厂规，马上又取消或更改，不就等于厂长公开认错，以后还有啥威信？私下悄悄撤销对她们的处分，以后这一条厂规就此不了了之，行不？

贾厂长皱起了眉头。

**思考与讨论：**

1. 贾厂长为什么会作出案例中的决定？请运用领导行为理论分析贾厂长的领导方式？

2. 如果你是贾厂长，你该怎么办？

**【案例2】**

### 一次重大的人事任免①

某钢铁公司领导班子会议正在研究一项重大的人事任免案。

---

① 资料来源：王凤彬、刘松博、朱克强编著，《管理学教学案例精选》，上海：复旦大学出版社，2009年版。

总经理提议免去公司所属的、有 2 000 名职工的主力厂——炼钢一厂厂长姚成的厂长职务，改任公司副总工程师，主抓公司的节能降耗工作；提名炼钢二厂党委书记林征为炼钢一厂厂长。姚、林二人都是公司的老同志了，从年轻时就在厂里工作，大家对他们的情况可以说是了如指掌。

姚成，男，48 岁，中共党员，高级工程师。20 世纪 60 年代从南方某冶金学院毕业后分配到炼钢厂工作，一直搞设备管理和节能技术工作，勤于钻研，曾参与主持了几项较大的节能技术改造，成绩卓著，在公司内引起较大震动。1983 年他晋升为工程师，先被任命为一厂副总工程师，后又任生产副厂长，1986 年起任厂长至今，去年被聘为高级工程师。该同志属技术专家型领导，对炼钢厂的生产情况极为熟悉，上任后对促使炼钢一厂能源消耗指标的降低起了巨大的推动作用。他工作勤勤恳恳，炼钢转炉的每次大修理他都亲临督阵，有时半夜入厂抽查夜班工人的劳动纪律，白天花很多时间到生产现场巡视，看到有工人在工作时间闲聊或乱扔烟头总是当面提出批评，事后通知违纪人所在单位按规定扣发奖金。但群众普遍反映，姚厂长一贯不苟言笑，没听姚厂长和他们谈过工作以外的任何事情，更不用说和下属开玩笑了。他到哪个科室谈工作，一进办公室大家的神情便都严肃起来，犹如“一鸟入林，百鸟压音”，大家都不愿和他接近。对他自己特别在行的业务，有时甚至不事先征求该厂总工程师的意见，直接找下属布置工作，总工对此已习以为常了。姚厂长手下几位很能干的“大将”却都没有发挥多大的作用。据他们私下说，在姚厂长手下工作，从来没受过什么激励，特别是当他们个人生活有困难需要厂里帮助时，姚厂长一般不予过问，用工人的话说是“缺少人情味”。久而久之，姚厂长手下的骨干都没有什么积极性了，只是推推动动，维持现有局面而已。

林征，男，50 岁，中共党员，高中毕业。在基层工作多年，前几天才转为正式干部，任车间党支部书记。该同志脑子灵活，点子多，宣传、鼓动能力强，具有较突出的工作协调能力。1984年出任炼钢二厂厂办主任，1986年调任公司行政处副处长，主抓生活服务，工作局面很快就被打开。1988年炼钢二厂党委书记离休，林征又回炼钢二厂任党委书记。林征长于做人的工作，善于激励部下，据说对行为科学很有研究。他对下属非常关心，周围的同志遇到什么难处都愿意和他说，只要是厂里该办的，他总是很痛快地给予解决。其民主作风好，工作也讲究方式方法，该他做主的事从不推三阻四。由于他会团结人（用他周围同志的说法是“会笼络人”），工作能力强，因此在群众中享有一定的威望。他的不足之处是学历低，工作性质几经变化，没有什么专业技术职称（有人说他是“万金油”），对工程技术理论知之不多，也没有独立指挥生产的经历。

姚、林二人的任免事关炼钢一厂的全局工作，这怎么能不引起领导们的关注？公司领导们心里在反复掂量，考虑着对炼钢厂厂长这一重大人事变动提议应如何表态。

**思考与讨论：**

1. 对厂长的领导素质、领导风格应有什么要求？林征会成为一名合格的厂长吗？

2. 根据姚成的性格特点和技术专长，对他这次任免是否合适？

**【案例3】**

## 金城公司[①]

金城公司是一家中等规模的汽车配件生产集团。该公司有这样三个领导。

① 资料来源：余敬，《管理学案例精析》，武汉：中国地质大学出版社，2006年版。

1. 王自豪

王自豪对他本部门的产出感到自豪。他总是强调对生产过程、出产量控制的必要性，坚持下属人员必须很好地理解生产指令，以得到迅速、完整、准确的反馈。每当王自豪遇到小问题时，会放手交给下级去处理，当问题很严重时，他则委派几个有能力的下属人员去解决问题。通常情况下，他只是大致规定下属人员的工作方针、完成怎样的报告及完成期限。王自豪认为只有这样才能导致更好的合作，避免重复工作。

王自豪认为对下属人员采取敬而远之的态度对一个经理来说是最好的行为方式，所谓的“亲密无间”会松懈纪律。他不主张公开谴责或表扬某个员工，相信他的每一个下属人员都有自知之明。

据王自豪说，在管理中的最大问题是下级不愿意接受责任。他讲到，他的下属人员可以有机会做许多事情，但他们并不是很努力地去做。他表示不能理解在以前他的下属人员如何能与一个毫无能力的前任经理相处，他说，他的上司对他们现在的工作运转情况非常满意。

2. 方权

方权认为每个员工都有人权，他偏重于管理者有义务和责任去满足员工需要的学说，他说，他常为他的员工做一些小事，如给员工两张下月在伽利略城举行的艺术展览的入场券。他认为，每张门票才 15 美元，但对员工和他的妻子来说却远远超过 15 美元。通过这种方式，也是对员工过去几个月工作的肯定。

方权说，他每天都要到工厂去一趟，与至少 25%的员工交谈。方权不愿意为难别人，他认为下属小赵的管理方式过于死板，小赵的员工也许并不那么满意，但除了忍耐别无他法。

方权说，他已经意识到在管理中有不利因素，但大都是由于生产压力造成的。他的想法是以一个友好、粗线条的管理方式对待员工。他承认尽管在生产率上不如其他单位，但他相信他的雇员有高度的忠诚与士气，并坚信他们会因他的开明领导而努力工作。

3. 辛明

辛明说他面临的基本问题是与其他部门的职责分工不清。他认为不论是否属于他们的任务都安排在他的部门，似乎上级并不清楚这些工作应该谁做。辛明承认他没有提出异议，他说这样做会使其他部门的经理产生反感。辛明说过去在不平等的分工会议上，他感到很窘迫，但现在适应了，其他部门的经理也不以为然了。

辛明认为纪律就是使每个员工不停地工作，预测各种问题的发生。他认为作为一个好的管理者，没有时间握紧每一个员工的手，告诉他们正在从事一项伟大的工作。他相信如果一个经理声称为了决定将来的提薪与晋职而对员工的工作进行考核，那么，员工则会更多地考虑他们自己，由此而产生很多问题。

他主张，一旦给一个员工分配了工作，就让他以自己的方式去做，取消工作检查。他相信大多数员工知道自己把工作做得怎么样。

如果说存在问题，那就是他的工作范围和职责在生产过程中发生了混淆。辛明希望公司领导叫他到办公室听听他对某些工作的意见。然而，他并不能保证这样做不会引起风波而使情况有所改变。

**思考与讨论：**

1. 你认为这三个部门经理各采取什么领导方式？试预测这些模式各将产生什么结果？

2. 是否每一种领导方式在特定的环境下都有效？为什么？

**【游戏 1】**

## 迷　宫

形式：小组游戏，参加人数不限。

时间：20分钟。

材料：粉笔或单面纸胶带纸、路线图（见附件）。

场地：室内或室外有空旷地均可。

目的：

（1）训练学生的记忆力及沟通能力。

（2）找出沟通过程中经常出现的问题及探索出解决这些问题的办法。

（3）小组游戏时是否有领导的出现及体会领导的作用。

程序：

（1）辅导员先确定一条路线，画在纸上，但不告诉学员。

（2）按照图中所示，在空地上用粉笔画出5乘5的方格子或用单面纸胶带纸在地上贴出5乘5的方格子。

（3）辅导员给学员展示路线图，并给小组5分钟时间做计划。

（4）游戏开始，学员开始进入迷宫。需注意，游戏开始后不能再问问题，小组成员之间也不能用任何带有人类智慧的有声语言表达形式进行沟通，不能在迷宫内做任何记号，且必须双脚同时踩入一个方格内，只能按方格的前后左右走，不能走“米”字形，每次只能走一格。

（5）当第一个学员踏入错误的路线时，辅导员吹哨子。该学员将退出迷宫并排在队列的后面。

（6）第二位学员开始进入迷宫。如果第二个学员也踏入错误的路线，辅导员吹哨子。同样该学员将退出迷宫并排在队列的后面。依次类推……辅导员将记录每队完成游戏的时间。

（7）辅导员总结游戏成绩，所用的时间最短的队胜利。

讨论：

（1）在受限制的环境下，你们是怎样进行沟通的？

（2）当你走错的时候，你的组员会有什么反应？

（3）团队中是否有领导者？他如何帮助团队完成游戏？他有什么作用？

提示：

（1）非语言也能起到较好沟通的作用。

（2）如果有领导者的正确指挥，小组成员将较好地完成游戏。

（3）领导者应体会如何让你的指令更有效。

附件：路线图，如下（可自拟）。

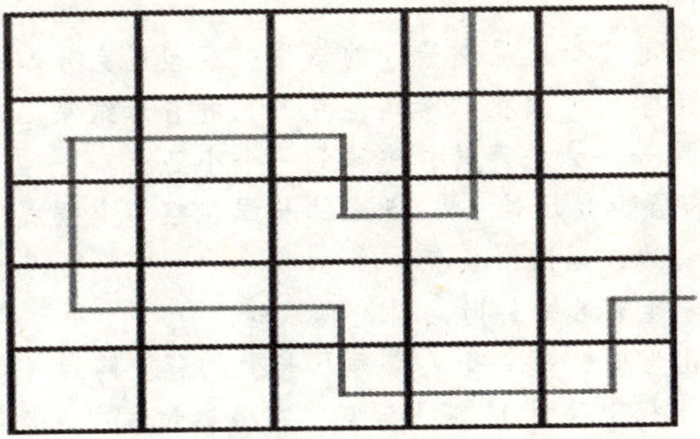

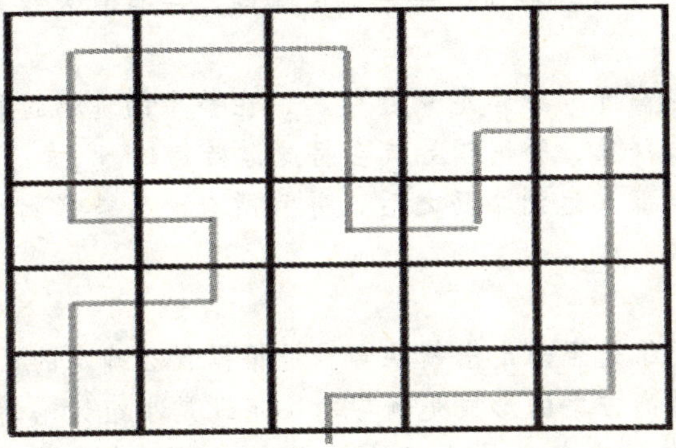

**【游戏 2】**

## 泰坦尼克号

形式：小组游戏，8 人一组。

时间：20 分钟。

材料：木砖 24 块（每组 6 块），4 张椅子，长绳（25 米）。

目的：让学生了解在紧急情况下，如何做计划，如何合作以及如何有效地利用有限资源。是否有人主动作为领导者，领导者在游戏中起到什么作用。

程序：

（1）设定"泰坦尼克号"的场景：泰坦尼克号即将沉没，船上的乘客（学生）须在"泰坦尼克号"的音乐结束之前利用仅有的求生工具——六块浮砖，逃离到一个小岛上。

（2）布置游戏场景：将 25 米的长绳在空地上摆成一个岛屿形状，在另一边，摆四个长凳。

（3）学生有 8 分钟时间讨论和试验。

（4）出发时，每一个人必须从长凳的背上跨过（就如同从船上的船舷栏杆上跨过），踏上浮砖。在逃离过程中，船员身体的任何部分都不能与"海面"——地面接触。一旦有人落水，游戏重新开始。

（5）自离开"泰坦尼克号"起，在整个的逃离过程中，每块浮砖都要被踩住，否则辅导员会将此浮砖踢掉。

（6）全部人达到小岛之后，并且所有浮砖被拿到小岛上，游戏才算完成。

讨论：

（1）小组是否确定出领导者？是根据什么确定的？

（2）撤离方案的形成是领导的决定还是小组讨论的结果？

（3）你们的方案是否坚决贯彻到底了？中间发生了什么变化？为什么？

（4）事后回顾当初的方案觉得是否可行？有更好的方案吗？为什么当时没有想到或没有提出来？

（5）小组是如何分配组员撤离的先后次序的？考虑到了什么因素？

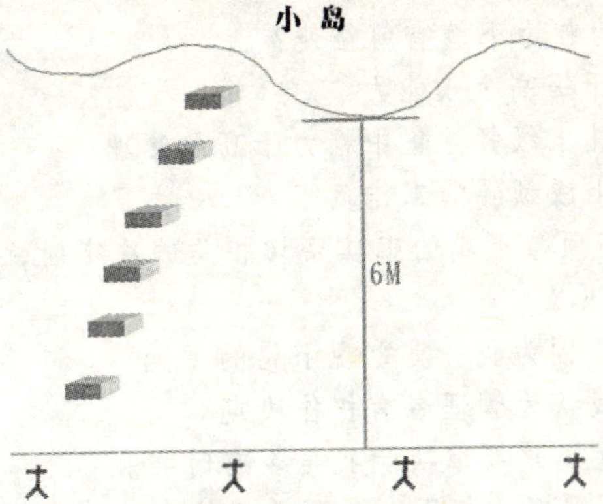


泰坦尼克号的深船地点

【情景模拟1】

## 领导者的成败[1]

每个团队至少找出两位受媒体关注的公司领导人，运用所学的领导理论来描述这些领导者的个人持质与领导风格，分析归纳其影响力来源，进而说明他们作为领导者的成功或失败之处，然后与其他团队共同讨论、交换看法。

【情景模拟2】

## 领导能力测验1

一、测验题目

1. 以下三种职业中，你喜欢哪一种？

A. 做某个组织的发言人。

B. 做某个团体的首领。

① 余敬，《管理学案例精析》，武汉：中国地质大学出版社，2006年版。

C. 做某支军队的指挥官。

2. 你认为权力下放有何益处?

A. 有利于提高个人能力。

B. 可以让上级领导集中精力于高层管理。

C. 减轻上级领导的工作负担。

3. 做出某项与下属的工作密切相关的决定时，你是否事先征求了他们的意见?

A. 是的，因为我一贯重视下属的意见。

B. 不，我认为管理者有权作决定。

C. 不一定，这要取决于我是否有时间。

4. 授予下属多大权限，是否希望他们:

A. 先斩后奏。

B. 每做重要决定时都征求你的意见。

C. 自行决定是否需要征求你的意见。

5. 你希望下属参与制订工作计划吗?

A. 不，因为他们只会劝我把指标定得低低的。

B. 是的，因为这样才能使他们发扬奉献精神，努力完成任务。

C. 有时候，但重大项目除外。

6. 如果某位部下在完成一项艰巨任务过程中表现出色，你是否:

A. 立即向他表示祝贺。

B. 不加评论，避免他趁机要求加薪。

C. 遇到他时顺便赞扬几句。

7. 如果某位一向表现不错的员工突然走下坡路，你是否:

A. 尽快与他促膝谈心，找出问题所在。

B. 态度强硬地威胁他，逼他改正。

C. 上报人事部门，请他们去调查。

8. 如果你将向全体部下宣布一项重要的新措施，是否:

A．发一份简报，将新措施方案刊载在其中。

B．安排一位助手去向大家解释。

C．召开一次专门会议，向每位下属详细解释新方案。

9．如果某位部下因未获提升而情绪低落，你是否：

A．告诉他那个职位本来就不适合他。

B．教他改进的方法，以便在下次提升时脱颖而出。

C．劝他别伤心，谁没有挫折。

10．如果你对某位下属提出的过激方案不感兴趣，是否：

A．指出这个方案的缺陷，同时鼓励他重新考虑新方案。

B．告诉他这个方案不合时宜，成本太高，不实用。

C．表示将认真考虑他的意见，随后却丢进档案柜。

## 二、评分标准

| 选项\得分\题号 | 1 | 2 | 3 | 4 | 5 | 6 | 7 | 8 | 9 | 10 |
|---|---|---|---|---|---|---|---|---|---|---|
| A | 0 | 0 | 10 | 5 | 0 | 10 | 10 | 5 | 0 | 10 |
| B | 10 | 5 | 0 | 0 | 10 | 0 | 0 | 0 | 10 | 5 |
| C | 5 | 10 | 5 | 10 | 5 | 5 | 5 | 10 | 5 | 0 |

## 三、结果分析

80分~100分：你是一位出色的领导，很善于调动下属的积极性，使他们发挥自己的最大潜力。你领导的部门一定气氛融洽，生动活泼，各位员工都富有朝气和干劲。

55分~75分：你能正确认识经营管理者的职责，不过有时还不够大胆，不能充分相信群众。

25分~50分：你过于保守，束缚着下属的发展。你不仅需要增强自信心，也需要增强对别人的信心。

【情景模拟3】

## 领导能力测验2

### 一、测验题目

做一下这个小测试，看看你更适合发号施令还是接受命令。

1. 上司忽然决定将一个VIP项目委派给你，你将做的第一件事情是：

A. 马上要求一套规章，然后排除万难竭尽全力地按章行事。

B. 你向上司问一个最后期限，请他做一些必要的说明，然后列出一系列自己该做的事情。

2. 团队工作需即时确定一个召集人。目前的问题是："谁将代表你们团队呢？"——有人这样问。那么，此时会出现的情况最可能是：

A. 你的同级别的同事们纷纷推举你来领导这个小组，你取得了压倒性的胜利。

B. 你马上将食指指向离你最近的人。最好是他或她，反正不要是我，对吗？

3. 某大学职业顾问与你的上司接洽，需要请你单位某人作为嘉宾发言人，前往他们的职业讲坛介绍你们的行业。你

A. 立刻将手举得比房间里任何人都高。

B. 顷刻间将自己藏于桌子后。你的事情已经够多了，你肯定你的上司不会介意让别人去做这种事情。

4. 一个客户来到办公室又踢又嚷，想把每个人的头发揪下来。你怎么办？

A. 你想是否该打电话给精神病院或警署。最后，你情愿让其他人来提出解决方法。你可不想因为别的事出了岔子而引火上身。

B. 你判断出该由谁来应付这情况。如果别人都不在，你会镇静地走向那个可能精神错乱的客户。总得有人出面，不是吗？

5. 当你在办公室的用餐区用餐时，发现你的两位同事正吵得面红耳赤。你

A. 事不关己，高高挂起。

B. 找机会与他们谈一谈。

6. 每天当你决定穿什么去上班时，你

A. 用最新潮的服饰将自己打扮得最时尚。

B. 穿得像你的上司。

7. 当你接电话、做报告、回电子邮件及准备别的商务文件时，你

A. 使它尽可能清晰明了、准确无误，并检查语法和礼仪是否规范。

B. 尽量使它像对话似的自然。你与人讲话和通信时随心所欲。

8. 无论你如何卖命地工作，但

A. 你永远落在计划之后。你经常到了最后期限还未完成工作，不断要求延长期限。

B. 似乎永远觉得不够你干的。

9. 在会议中，你常常

A. 提问，作报告或提出建议。

B. 心不在焉。

10. 对于你，一个典型的工作日怎样度过？

A. 对你的工作日如何安排有个大致的概念。你有一个工作清单，一系列的目标，计划到每天、每月、每年。

B. 你到办公室，差不多刚好准时。你冲到自己桌前，处理目前看起来最紧急或最重要的事情。

## 二、计算得分

| 选项\得分\题号 | 1 | 2 | 3 | 4 | 5 | 6 | 7 | 8 | 9 | 10 |
|---|---|---|---|---|---|---|---|---|---|---|
| A | 5 | 0 | 0 | 5 | 5 | 5 | 0 | 5 | 0 | 0 |
| B | 0 | 5 | 5 | 0 | 0 | 0 | 5 | 0 | 5 | 5 |

### 三、结果分析

0～15：你天生是块做领导的料。你的 LQ（Leading Quotient 领导商数）在职场里高高在上。你看起来是领导，感觉是领导，而且做着领导的事。你周围的人们也很清楚这一点。

20～35：你有领导的素质，但你崇尚在安全的范围内挥舞你的长袖。你能应付责任、你能做决策，但你不想天天做这些事。既然你已身在半途，你可能愿意作为某些项目的牵头人，但你必须确保该项目能让你有选择让贤的权利。

40～50：你向往稳定的生活，而非有风有险。因此你更喜欢听从命令而不是执行命令。你可充分发挥你的能力，在同事的权力斗争中充当和事老。正如太多的厨子做不出好汤，太多的领导会将部队引入歧途。你是那个将你单位带向成功的部队中的一员。不过，如果你忽然决定要使生活更有挑战性，你可试着找一下你生活中的哪些地方需要改变。

# 第十一章　激励理论及应用

## 一、展示的内容要求

展示的内容应为本章的知识点和重点，本章展示应覆盖以下主要内容：

(1) 激励的含义和实质。

(2) 激励的构成要素。

(3) 激励的过程。

(4) 激励的各种理论。

## 二、互动环节

**【案例 1】**

### 蓝天公司的新经理①

蓝天技术开发公司由于在一开始就瞄准成长的国际市场，在国内率先开发出某高技术含量的产品，其销售额得到了超常规的增长，公司的发展速度十分惊人。然而，在竞争对手如林的今天，该公司和许多高科技公司一样，也面临着来自国内外大公司的激

① 余敬,《管理学案例精析》，武汉：中国地质大学出版社，2006 年版。

烈竞争。当公司经济上出现了困境时，公司董事会聘请了一位新的常务经理欧阳健负责公司的全面工作。而原先的那个自由派风格的董事长仍然留任。欧阳健来自一家办事古板的老牌企业，他照章办事，十分古板，与蓝天技术开发公司的风格相去甚远。公司管理人员对他的态度是：看看这家伙能待多久！看来，一场潜在的“危机”迟早会爆发。

第一次“危机”发生在常务经理欧阳健首次召开的高层管理会议上。会议定于上午9点开始，可有一个人姗姗来迟，直到9点半才进来。欧阳健厉声道：“我再重申一次，本公司所有的日常例会要按时开始，谁做不到，我就请他走人。从现在开始一切事情由我负责。你们应该忘掉老一套，从今以后，就是我和你们一起干了。”到下午4点，竟然有两名高层主管提出辞职。

然而，此后蓝天公司发生了一系列重大变化。由于公司各部门没有明确的工作职责、目标和工作程序，欧阳健首先颁布了几项指令性规定，使已有的工作有章可循。他还三番五次地告诫公司副经理徐钢，公司一切重大事务向下传达之前必须先由他审批，他抱怨下面的研究、设计、生产和销售等部门之间互相扯皮，踢皮球，结果使蓝天公司一直没能形成统一的战略。

欧阳健在详细审查了公司人员工资制度后，决定将全体高层主管的工资削减10%，这引起公司一些高层主管向他辞职。研究部主任这样认为：“我不喜欢这里的一切，但我不想马上走，因为这里的工作对我来说太有挑战性了。”生产部经理也是个不满欧阳健做法的人，可他的一番话颇令人惊讶：“我不能说我很喜欢欧阳健，不过至少他给我那个部门设立的目标我能够达到。当我们圆满完成任务时，欧阳健是第一个感谢我们干得棒的人。”采购部经理牢骚满腹。他说：“欧阳健要我把原料成本削减20%，他一方面拿着一根胡萝卜来引诱我，说假如我能做到的话就给我油水丰厚的奖励。另一方面则威胁说如果我做不到，他将另请高明。但干这个活简直就不可能，欧阳健这种‘大棒加胡萝卜’的做法是没有市场的。从现在起，我另谋出路。”

欧阳健对被人称为“爱哭的孩子”销售部胡经理的态度则让人刮目相看。以前，销售部胡经理每天都到欧阳健的办公室去抱怨和指责其他部门。欧阳健对付他很有一套，让他在门外静等半小时，见了他对其抱怨也充耳不闻，而是一针见血地谈公司在销售上存在的问题。过不了多久，大家惊奇地发现胡经理开始更多地跑基层而不是欧阳健的办公室了。

随着时间的流逝，蓝天公司在欧阳健的领导下恢复了元气。欧阳健也渐渐地放松控制，开始让设计和研究部门更放手地去干事。然而，对生产和采购部门，他仍然勒紧缰绳。蓝天公司内再也听不到关于欧阳健去留的流言蜚语了。大家这样评价他：“欧阳健不是那种对这里情况很了解的人，但他对各项业务的决策无懈可击，而且确实使我们走出了低谷，公司也开始走向辉煌。”

**思考与讨论：**

1. 欧阳健进入蓝天公司时采取了何种领导方式？这种领导方式与留任的董事长的领导方式有何不同？他对研究部门和生产部门各自采取了何种领导方式？当蓝天公司各方面的工作走向正轨后，为适应新的形势，欧阳健的领导方式作了何改变？为什么？

2. 蓝天公司一些高层管理人员因为工资被削减而提出辞职。按照双因素理论，工资属于保健因素还是激励因素？研究部主任的话反映他当前的需要属于哪一种？

3. 生产部经理愿意留下跟着欧阳健干，而采购部经理却想离职，对其原因请用期望理论进行分析。

4. 有人认为，对下属人员采取敬而远之的态度对一个经理来说是最好的行为方式，所谓的“亲密无间”会松懈纪律。你如何看待这种观点?你认为欧阳控属于这种领导吗?

5. 试用强化理论说明欧阳健对销售部经理采取了何种激励

方式？为什么？

【案例 2】

## 赵副厂长该怎么办[①]

赵林德是某汽车零件制造厂的副厂长，分管生产。一个月前，他为了搞好生产，掌握第一手资料，就到第一车间甲班去蹲点调查。一个星期后，他发现工人劳动积极性不高，主要原因是奖金太低，所以每天产量多的工人生产二十几只零件，少的只生产十几只零件。

赵林德和厂长等负责人商量后，决定搞个定额奖励试点，每天每人以生产 20 只零件为标准，超过 20 只零件后，每生产一只零件奖励 0.5 元。这样，全班 23 个人都超额完成任务，最少的每天生产 29 只零件，最多的每天生产 42 只零件，这样一来，工人的奖金额大大超过了工资，使其他班、其他车间的工人十分不满。

为了应对这种状况，现在，又修改了奖励标准，每天超过 30 只零件后，每生产一只零件奖励 0.5 元，这样一来，全班平均生产每天只维持在 33 只左右，最多的人不超过 35 只，赵林德观察后发现，工人并没有全力生产，离下班还有一个半小时左右，只要 30 只任务已完成了，他们就开始休息了。他不知道如何进一步来调动工人的积极性了。

**思考与讨论：**

1. 赵林德在激励员工时有哪些不妥之处，该如何改正？
2. 根据案例中的情景，可采用何种激励手段加以解决问题。

① 资料来源：王凤彬、刘松博、朱克强编著，《管理学教学案例精选》，上海：复旦大学出版社，2009 年版。

**【案例 3】**

## 顺捷公司的激励措施[①]

2008 年小张和两个伙伴合伙共同创立了贵阳顺捷公司，专门从事电杆的生产。随着有利于西部发展的各项政策的出台，小张他们的公司得到快速发展，目前已经成长为拥有员工 42 名，人年均利润超过 10 万元的企业，公司的业务范围也得到扩展。前不久，公司从大学毕业生中招聘了几名员工充实公司各个岗位，以利于公司下一步的发展。小张非常重视公司的可持续发展问题，为充实自我，他经常参与各类管理培训课程的学习。最近，通过学习有关激励理论，小张受到很大启发，并准备着手付诸实践。他为此责令人力资源管理部门制订一系列的培训计划以及工作计划，希望通过赋予下属员工更多的工作和责任，并通过给予员工成长机会以及赞扬和赏识来激励下属员工。然而，当 2006 年 6 月，小张宣布该公司的各项工作安排后，结果却事与愿违，员工的积极性非但没有提高，反而对他的做法强烈不满，包括几名大学生员工在内的部分员工甚至提出来要公司马上给他们购买养老和医疗保险以及提高工资水平的要求。

**思考与讨论：**

1. 请根据有关激励等理论，分析小张的激励措施为什么遭到了包括几名大学员在内的员工的抵制？

2. 管理者应该如何激励他的员工呢？请你帮助小张并给他提出建议。

---

① 资料来源：杨文士主编，《管理学原理》（第 2 版），北京：中国人民大学出版社，2004 年版。

【游戏 1】

## 寻找共同的图案

目的：综合运用领导手段，包括指挥、激励、沟通的具体运用。

时间：20 分钟

所需材料：空白纸条，带有信息的纸条。

步骤：

（1）辅导员首先将学员分成多个小组，每个小组 6 到 8 人。小组划分完，辅导员要求各小组成员在小组内部选举出一位“董事长”，然后由“董事长”从小组成员中挑选并任命一位经理，其他小组成员作为员工。

（2）辅导员说明游戏规则：

第一，不许越级指挥和汇报，即“董事长”不能越过经理直接指挥员工，员工也不允许越过经理直接向董事长汇报和询问。

第二，只允许使用文字方式沟通，不允许讲话。要在 30 分钟内完成，哪个组最先完成任务就算优胜者。

第三，不管遇到什么问题，只有“董事长”有权举手示意，并低声向辅导员询问，此外的所有事情都只能在你们组织内部通过文字沟通的方式解决。

（3）辅导员给每个小组发了厚厚的一沓类似便笺的空白纸条，供大家沟通使用。让这些“董事长”们远离他们的经理和员工，经理和员工坐在一起。辅导员先给每一位“董事长”发一张上面画有五种图案的纸，图的下面有几行文字说明，接着又给每一个小组的成员分发类似的一张纸，郑重声明不能交换，游戏开始了。

（4）经理和员工拿到的纸是一样的，上面画有五种图案，有的图案是一种鸟，有的图案是交通标志，图案的下面注明辅导员刚刚宣布的各种游戏规则，此外什么都没有。“董事长”拿到的纸有所不同，除了其他成员掌握的信息外，这张纸上多了一条信息，即你们小组的每个人都拿了这样一张纸，上面也有五种图案，这些图案是不同的，只有一种图案在你们每个人拿到的纸上都有，你的任务是带领你的下属，在最短的时间内将这个共同的图案找出来，要求小组成员每个人都能向辅导员指出这个共同的图案。

**思考与讨论：**

仔细观察，每个小组的做法都有所不同？分析各小组表现差异的原因。

**【游戏 2】**

## 拥挤的公交车

参与人数：四人为一组，共四组

时间：15 分钟

场地：空地

道具：报纸、胶带、剪刀

游戏目的：

（1）培养学生之间的协调合作意识。

（2）锻炼大家共患难的精神。

（3）加强大家之间的沟通和交流。

（4）锻炼大家的组织与控制能力。

要求：用胶带把三张报纸连成圆纸筒，报纸是公交车零件连成一体，比赛人员进入圆纸筒内跑到目标再折回的接力赛。

方法：

（1）全员分成四组。

（2）根据号令几个队员跑进纸筒内（人数不限）。

（3）跑到目标再折回，把纸筒交给下一组。

（4）如果报纸破裂，纸筒内的人要当场用胶带修理好。

(5)标准：公交车速度与安全性双重标准。

通过拥挤的公交车游戏，队员要相互协调，做好计划，进行良好组织，并在进行中进行控制。通过游戏，要大家把理论与实践结合起来。就游戏效果看来理论联系实践是与困难的。这在游戏中体现出来了：组织比较混乱就不能搞好协调，譬如公交车先是三人再是一人造成拥挤和宽松两种情况属于没有计划好组织好；进行中混乱属于不能良好控制；不注意标准，片面追求速度或是安全性，等等。当然也有成功的，计划好能做到一次两人不拥挤，组织好能达到协调快速进行，既粘贴了好的公交车、速度也较快、安全与速度并重。总的说来，让大家通过游戏进行了实践，达到了目的。

**【游戏 3】**

## 公平与不公平

小母鸡在谷场上扒着，直到扒出几粒麦子，她叫来邻居，说："假如我们种下这些麦子，我们就有面包吃了。谁来帮我种下它们？"

牛说：我不种。

鸭说：我不种。

猪说：我不种。

鹅说：我也不种。

"那我种吧。"这只小母鸡自己种下了麦子。

眼麦子长成了，小母鸡又问："谁来帮我收麦子？"

鸭说：我不收。

猪说：这不是我们应该做的事。

牛说：那会有损我的资历。

鹅说：不做虽然饿一点，但也不至于饿死。

"那我自己做。"小母鸡自己动手收麦子。

终于到了烤面包的时候，“谁帮我烤面包？”小母鸡问。

牛说：那得给我加班工资。

鸭说：那我还能享受最低生活补偿吗？

鹅说：如果让我一个人帮忙，那太不公平。

猪说：我太忙，没时间。

“我仍要做。”小母鸡说。

她做好五根面包并拿给她的邻居看，邻居们都要求分享劳动成果，他们说小母鸡之所以种出麦子，是因为地里找出了种子，这应该归大家所有，再说，土地也是大家的。但小母鸡说：“不，我不能给你们，这是我自己种的。”

牛叫道：损公肥私！

鸭说：简直像资本家一样。

鹅说：我要求平等。

猪只管嘀嘀咕咕，其他人忙着上告、要求为此讨个说法。

村长到了，对小母鸡：你这样做很不公平，你不应太贪婪。小母鸡说：怎么不公平？这是我劳动所得。村长说：“确切地说，那只是理想的自由竞争制度。在谷场的每个人都应该有他该得的一份。在目前制度下，劳动者和不劳动者必须共同分享劳动成果。”

从此以后他们都过着和平的生活，但小母鸡再也不烤面包了。

针对这个故事，你如何看待“公平与不公平”？

**【情景模拟 1】**

## 大学生的需求

每个团队的成员在大学学习是为了满足马斯洛需求层次论中的哪种需求？分别给出你们各自的答案，你们的答案是一样吗？为什么会有不同？它们各自对应着双因素理论中的保健还是激励因素？学校怎样才能满足你们各自的需求，请运用所学的激励理论来分析讨论，并与其他团队分享你们的观点。

**【情景模拟2】**

## 家长的激励[①]

每个团队成员先考虑以下这段话：家长为了鼓励孩子努力学习，向孩子承诺：如果在下学期每门功课都考90分以上，就给予其一定的奖励。你觉得孩子是否会因此而努力学习？为什么？请找几个不同学习成绩的中、小学员聊聊，看他们对这句话的反应，然后运用有关激励理论来分析，并在团队内阐述你的观点。

① 余敬，《管理学案例精析》，武汉：中国地质大学出版社，2006年版。

# 第十二章 组织控制

## 一、展示的内容要求

展示的内容应为本章的知识点和重点，以便学生加深理解，为后续的互动环节奠定基础，不可照搬老师的上课材料。鼓励学生搜集和展示属于本章的内容，但老师讲课或课本未涉及的内容不宜太多。本章展示应覆盖以下主要内容：

(1) 控制的概念。

(2) 控制的过程。

(3) 控制的类型。

(4) 控制的原理。

(5) 控制方法。

## 二、互动环节

**【案例 1】**

### 计划与控制①

王雷担任某厂厂长已一年多了，他刚看了工厂今年实现目标

① 资料来源：姬定中，《管理学》（第 2 版），北京：科学出版社，2011 年版。

情况的统计资料。厂里工作进展出乎他的意料。他任厂长后的第一件事就是亲自制订了一系列工作目标，例如：为了减少浪费、降低成本，他规定在一年内把原材料成本降低 10%～15%，把运输费用降低 3%。他把这些具体目标都告诉了下属的有关方面的负责人。年终统计资料表明，原材料浪费更为严重，运输费用没有降低。他找来有关负责人询问。生产副厂长说："我曾对下面的人强调过要减少浪费，我原以为下面的人会按我的要求去做的。"

而运输方面的负责人则说："运输费用降不下来很正常，我已经想了很多办法，但汽油费等还在涨，我想，明年的运输费用可能要上升 3%～4%。"王雷了解了原因，进行了分析后，又把这两个负责人召集起来布置第二年的目标：生产部门一定要把原材料成本降低 10%，运输部门即使是运输费用要提高，也绝不能超过今年的标准。

**思考与讨论：**

1. 王雷的控制有什么问题？

2. 结合本章所学习的控制原理来分析王雷的控制的不做之处？

3. 怎样才能实现他所提出的目标？

4. 从控制的方法角度谈谈你对王雷的控制的建议？

**【案例 2】**

## 巨人集团的启示[①]

1993、1994 年，全国兴起房地产和生物保健品热，为寻找新的产业支柱，巨人集团开始迈向多元化经营之路——计算机、生物工程和房地产。在 1993 年开始的生物工程刚刚打开局面但尚未

① 资料来源：根据张嘉 2001 年 10 月 31 日发表在《北京青年报》的《巨人集团的兴衰史》改编。

巩固的情况下，巨人集团毅然向房地产这一完全陌生的领域进军。在房地产业中大展宏图的巨人集团一改初衷，拟建的巨人科技大厦设计一变再变，楼层节节拔高，从最初的18层一直涨到70层，投资也从2亿元涨到12亿元，1994年2月破土动工，气魄越来越大。对于当时仅有1亿资产规模的巨人集团来说，单凭巨人集团的实力，根本无法承受这项浩大的工程。对此，巨人集团的想法是：1/3靠卖楼花，1/3靠贷款，1/3靠自有资金。但令人惊奇的是，大厦从1994年2月破土动工到1996年7月巨人集团未申请过一分钱的银行贷款，全凭自有资金和卖楼花的钱支撑。

1994年8月，巨人集团召开全体员工大会，提出“巨人集团第二次创业的总体构想”。其总目标是：跳出电脑产业，走产业多元化的扩张之路，以寻求解决矛盾的出路。

1995年2月，巨人集团隆重召开表彰大会，对在巨人脑黄金战役第一阶段作出重大贡献的一批“销售功臣”予以重奖。5月18日，巨人集团在全国发动促销电脑、保健品、药品的“三大战役”。霎时间，巨人集团以集中轰炸的方式，一次性推出电脑、保健品、药品三大系列的30个产品。巨人产品广告同时以整版篇幅跃然于全国各大报。不到半年，巨人集团的子公司就从38个发展到228个，人员也从200人发展到2 000人。

1995年7月11日，巨人集团在提出第二次创业的一年后，不得不再次宣布进行整顿，在集团内部进行了一次干部大换血。8月，集团向各大销售区派驻财务和监察审计总监，财务总监和监察审计总监直接对总部负责，同时，两者又各自独立，相互监控。但是，整顿并没有从根本上扭转局面。1995年9月，巨人的发展形势急转直下，步入低潮。伴随着10月发动的“秋季战役”的黯然落幕，1995年底，巨人集团面临着前所未有的严峻形势，财务状况进一步恶化。

1996年初，巨人集团为挽回局面，将公司重点转向减肥食品“巨不肥”，3月份，“巨不肥”营销计划顺利展开，销售大幅上升，公司情况有所好转。可是，一种产品销售得不错并不代表公司整体状况好转，公司旧的制度弊端、管理缺陷并没有得到解决，相反"巨不肥"带来的利润还被一些人私分了。集团公司内各种违规违纪、挪用贪污事件层出不穷。其属下的全资子公司康元公司，由于公司财务管理混乱，集团公司也未派出财务总监对其进行监督，导致公司浪费严重，债台高筑。至1996年底，康元公司累计债务已达1亿元，且大量债务存在水分，相当一部分是由公司内部人员侵吞造成的，公司的资产流失严重。而此时更让巨人集团焦急的是急需投入资金的巨人大厦，于是决定将生物工程的流动资金抽出投入大厦的建设，而不是停工。进入7月份，全国保健品市场普遍下滑，巨人保健品的销量也急剧下滑，维持生物工程正常运作的基本费用和广告费用不足，生物产业的发展受到了极大的影响。

按原合同，大厦施工三年盖到20层，1996年底兑现，但由于施工不顺利而没有完工。大厦动工时为了筹措资金巨人集团在香港卖楼花拿到了6 000万港币，国内卖了4 000万元，其中在国内签订的楼花买卖协议规定，三年大楼一期工程（盖20层）完工后履约，如未能如期完工，应退还定金并给予经济补偿。而当1996年底大楼一期工程未能完成时，建大厦时卖给国内的4 000万楼花就成了导致巨人集团财务危机的导火索。巨人集团终因财务状况不良而陷入了破产的危机之中。

**思考与讨论：**

1. 结合该案例谈谈巨人集团控制目标的设立存在哪些问题？

2. 结合企业内外环境，谈谈巨人集团出现危机的原因？

3. 从控制的过程的角度，谈谈巨人集团的管理控制有哪些突出的问题？

4. 结合本章理论与知识，请你给巨人集团一些良好的建议？

## 【案例3】

### 戴尔公司与电脑显示屏供应商[①]

戴尔公司创建于1984年，是美国一家以直销方式经销个人电脑的电子计算机制造商，其经营规模已迅速发展到当前120多亿美元销售额的水平。戴尔公司是以网络型组织形式来运作的企业，它联结有许多为其供应计算机硬件和软件的厂商。其中有一家供应厂商，电脑显示屏做得非常好。戴尔公司先是花很大的力气和投资使这家供应商做到每百万件产品中只能有1 000件瑕疵品，并通过绩效评估确信这家供应商达到要求的水准后，戴尔公司就完全放心地让他们的产品直接打上“Dell”商标，并取消了对这种供应品的验收、库存。类似的做法也发生在戴尔其他外购零部件的供应中。

通常情况下，供应商需将供应的零部件运送到买方那里，经过开箱、触摸、检验、重新包装，经验收合格后，产品组装商便将其存放在仓库中备用。为确保供货不出现脱节，公司往往要贮备未来一段时间内可能需要的各种零部件。这是一般的商业惯例。因此，当戴尔公司对这家电脑显示屏供应商说到“这型显示屏我们今年会购买400万到500万台左右，贵公司为什么不干脆让我们的人随时需要、随时提货”的时候，商界人士无不感到惊讶，甚至以为戴尔公司疯了。戴尔公司的经理们则这样认为，开箱验货和库存零部件只是传统的做法，并不是现代企业运营所必要的步骤，遂将这些“多余的”环节给取消了。

戴尔公司的做法就是；当物流部门从电子数据库得知公司某日将从自己的组装厂提出某型号电脑××部件时，便在早上向这家供应商发出配领多少数量显示屏的指令信息，这样等到当天傍晚时

① 资料来源：王凤彬、刘松博、朱克强编著，《管理学教学案例精选》，上海：复旦大学出版社，2009年版。

分，一组组电脑便可打包完毕分送到顾客手中。如此，不但可以节约了检验和库存成本，也加快了发货速度，提高了服务质量。

**思考与讨论：**

1. 你认为戴尔公司对电脑显示屏供应厂商是否完全放弃和取消了控制？

2. 如果是，戴尔公司的经营业绩来源于哪里？

3. 如果不是，那它所采取的控制方式与传统的方式有何切实的不同？

**【游戏 1】**

## 高空飞弹[①]

形式：3 人一组最佳。

时间：30 分钟。

场地：3 层楼及楼下空地。

材料：每组鸡蛋一只；小气球一个；塑料袋一个；竹签四支；塑料匙、叉各 2 支；橡皮筋 6 条。

目的：

（1）创新能力训练。

（2）控制能力与技巧。

程序：

（1）培训师把上述材料分发给每组，然后让学员在 25 分钟之后到指定的地点把鸡蛋放下来。为了不使鸡蛋摔破，可以用所给的材料来设计保护伞。

（2）25 分钟后，每组留一位学员在三楼高的地方进行放鸡蛋，其他学员可以到楼下空地观赏及检查落下的鸡蛋是否完好。

① 资料来源：刘永中等，管理培训游戏全集》（上），广州：广东经济出版社，2008：1-65。

（3）鸡蛋完好的小组是优胜组，可以进行决赛。胜出者，培训师可以给一些小礼品作为奖励。

**思考与讨论：**

1. 你们小组的创意是怎样得来的？

2. 在小组合作过程中，大家是如何控制确保鸡蛋不被摔破的？

3. 你们组可以想出几种方案来完成任务？

4. 你对你们小组的游戏结果的感想是什么？

（资料来源：）

**【游戏2】**

剧毒废墟场[1]

形式：6~10人一组。

时间：40分钟。

场地：户外。

材料：两根长约30米、直径20毫米的绳子，绳子弹性越小越好。

目的：

（1）培养小组成员自我面对挑战的能力。

（2）培养团队精神。

（3）在特殊条件下，有效控制完成预期任务。

程序：

（1）培训开始前，就需要着手搭建游戏场地。选择一个宽阔地，里边有几颗粗壮的大树，大树要承受几个人的重量而不弯曲。

（2）拿一根绳子紧紧捆在一棵大树上，距地面1米高。把绳

① 资料来源：刘永中等，《管理培训游戏全集》（上），广州：广东经济出版社，2008：3-70。

小伙子掏出钱包，取出一张十元的人民币递给了女售货员。女售货员给小伙子一只牙刷并找回7元2角钱。

然而，小伙子突然说："同志，你找错钱了，我给你的是一百块钱。"

"你给我的明明是十块钱呀！"女售货员吃惊地说道。

"我给你的就是一百块钱，赶快给我找钱，我还有事情要做！"小伙子提高了嗓门，语气也相当严厉。

女售货员急了，声音也提高了八度："你这人怎么不讲理呢？你明明给的是十块钱，为什么偏要说是一百元呢？你想坑人啊？"

这时，日用柜台边已经聚拢了十几位看热闹的顾客。

这位小伙子似乎实在难以容忍了，向整个人群说道："大伙都瞧瞧，这是什么服务态度！你们经理呢？我要找你们经理。"

说来也巧，百货商场的总经理正好从楼上下来，看到这边有人围观，便走了过来。总经理看上去是一位二十八、九岁的年轻人。

"怎么回事？"总经理问道。

女售货员看到总经理来了，像来了救兵一样，马上委屈地向总经理告状："经理，这个人太不讲理了，他明明给我的是一张十块钱，硬说是一张一百块钱。"

经理见她着急的样子，立即安慰她说："张姐，别着急，慢慢讲，他买了什么？你有没有收一百块钱一张的人民币？"

这位被总经理称为"张姐"的女售货员心情似乎平静了些。

"他买的是牙膏，嗷……不，他买的是牙刷。对了我想起来了，今天，我没收几张一百块钱的人民币，有一位高个儿给了我一百块钱，他买的是牙膏。这个人给我的就是十块钱。"

总经理听了张姐的话，眉头有些舒展，转身走向人群中那位身高1米65左右的小伙子，很有礼貌地说道："很不好意思出现了这种事情。您能告诉我事情的真实情况吗？"

小伙子也似乎恢复了平静，同样有礼貌地坚持自己付给女售

(3) 实训课的成员参与效果占本课程总成绩的 10%，评分标准见附录六。每次实训课都会设置互动环节，参与实训课的各个小组都会积极参与，辅导教师及时记录小组或个人的参与效果，并据此给予成绩评定小组或个人的参与成绩；本课程结束时，辅导教师对小组或个人在所有实训课专题的参与成绩进行汇总，最终给出每名学生的参与成绩。

(4) 实训课描述（write-up）占本课程总成绩的 5%，评分标准见附录七。

## 三、附件

### 附件 1：评分指南

考前信息：

这次考试的背景设定在上海的一家保险公司。假使你是受这家公司邀请的外部管理顾问，公司希望就今后如何发展向你咨询建议。为此做准备，你需要回答下面三个（考试）问题。

对保险公司的熟悉与否和考试关联不大，因为我们感兴趣的是如何描述和应用管理的理论，而不是具体的业务知识。

在考试之前，我们为你提供这家保险公司的相关信息。这些信息考试时会再一次出现在试卷上，以供参考。

这家保险公司从内部确定了四个关注的领域：

(1) 人力资源管理；

(2) 员工绩效管理；

(3) 业务/市场战略；

(4) 控制系统。

全部案例在考试的两周前提供给学生。

问题 1（8 分）

对上述的每一个领域，确定和描述该公司所面临的挑战。

| 累计的分值范围 | 观察到的现象 |
|---|---|
| 7～8 分 | 提供至少三个领域所面临挑战的全面描述。第四个领域也必须充分地涉及。 |
| 5～6 分 | 提供至少两个领域所面临挑战的全面描述。其他两个领域也必须充分地涉及。 |
| 3～4 分 | 在两个或更多领域，提供所面对挑战的充分描述。 |
| 1～2 分 | 提供该公司所面对问题的简单描述。 |
| 0 分 | 对该公司所面对问题没有描述。 |

注意：

（1）对不能描述四个领域的学生，其得分最高不超过 4 分。

（2）一个不能充分描述的例子是，有些学生仅仅从案例中断章取义地抽出一些词句，而不能对案例做扩展性描述。在改卷过程中这也被视作没有描述。

问题 2（16 分）

应用管理学中的相关理论和概念，分析该公司四个关注的领域中的问题。

| 累计的分值范围 | 观察到的现象 |
|---|---|
| 13 ~ 16 分 | 以在四个领域中有助于问题解决的方式，把相关的理论和概念应用到四个关注的领域。 |
| 9 ~ 12 分 | 以在 2 ~ 3 个领域中有助于问题解决的方式，把相关的理论和概念应用到四个关注的领域。 |
| 5 ~ 8 分 | 把相关的理论和概念应用到三个或三个以上关注的领域。 |
| 1 ~ 4 分 | 把相关的理论和概念应用到不超过两个关注的领域。 |
| 0 分 | 不能把相关的理论和概念应用到以上关注的领域。 |

注意：

（1）学生只有用相关理论和概念来解释该公司所遇到的问题时，才算是成功运用。

（2）那些能够把所学的相关的理论和概念运用到实际中，并且以一种有助问题解决的方式，提出可能的解决方案的学生应该得到高分。

问题 3（16 分）

对该公司高层关心的问题提出一篮子解决方案。在你的建议中，要清楚地指明一个领域的变化如何强化或弱化对其他领域的影响。

| 累计的分值范围 | 观察到的现象 |
|---|---|
| 13～16 分 | 以一种令人信服的方式，提出一篮子性的解决方案，其可能出现的积极或消极的后果都被考虑到。 |
| 9～12 分 | 突出了提议方案对公司产生的积极影响。 |
| 5～8 分 | 对相连的四个领域提出解决办法。 |
| 1～4 分 | 对相连的至少 2～3 个领域提出解决办法。 |
| 0 分 | 提出了“头痛医头”的解决方案，但至少两个领域的解决方案看不出它们的联系。 |

注意：

问题分两部分，提出一篮子解决方案最多得到 8 分，问题的另一部分是指明积极的或消极的后果。

## 附件2：试卷分数单

学生姓名：________ 学号：________ 班级：________

问题1（12分）

“仙寿”公司员工的士气低落。描述至少两种有关激励的概念或理论，它们可以被用来更好地理解士气问题。怎样在“仙寿”应用这些概念或理论来提高士气？（12分）

| 累计的分值范围 | 观察到的现象 |
|---|---|
| 10～12分 | 能结合案例材料应用相关的理论和概念，论证充分，有较强的说服力。 |
| 7～9分 | 能结合案例材料应用相关的理论和概念，论证较充分，结合一般。 |
| 3～6分 | 能描述相关的理论和概念，应用很笼统。 |
| 1～2分 | 能粗略描述相关的理论和概念，无应用。 |
| 0分 | 无任何相关内容。 |

评语：

分数：________

问题 2（12 分）

为了控制成本和提高销售业绩，描述应把何种内部制度和内部控制手段落到实处。(12 分)

| 累计的分值范围 | 观察到的现象 |
|---|---|
| 10～12 分 | 以在两个领域中有助于问题解决的方式，应用相关的理论和概念。 |
| 7～9 分 | 能应用相关的理论和概念，对两个领域的措施有一定的展开。 |
| 3～6 分 | 仅在一个领域中有助于问题解决的方式，应用相关的理论和概念。 |
| 1～2 分 | 仅能应用相关的理论和概念，无措施。 |
| 0 分 | 无任何相关内容。 |

评语：

分数：________

问题 3（16 分）

考虑“仙寿”的组织结构。如果由你负责，是进行组织重组呢？还是维持不变？为什么？画出你所选择的高层组织结构图。(16 分)

| 累计的分值范围 | 观察到的现象 |
|---|---|
| 14～16 分 | 以一种令人信服的方式，提出可行的解决方案。 |
| 11～13 分 | 解决方案能结合公司实际，有一定的说服力。 |
| 8～10 分 | 解决方案不完整，但能结合公司实际。 |
| 5～7 分 | 解决方案部分内容不具备操作性。 |
| 2～4 分 | 能描述相关的理论和概念，应用很笼统。 |
| 1～2 分 | 能粗略描述相关的理论和概念，无应用。 |
| 0 分 | 毫无意义的叙述。 |

评语：

分数：______

# 附 录

## 附录一：案例讨论书面报告

# 管理学实训课课前案例
# 讨论书面报告

案例题目：________________________

讨论日期：__________ 小组名称：_________

专业：______________ 年级：_________

宿舍（或小组长）：_____本次讨论发言人：_________

联系电话：______________

本次讨论参加成员亲笔签名（请列出姓名和学号）：

小组讨论情况记录及发言提纲：

（本表请根据需要，自行复制多份）

## 附录二：封面

**管理学精品课——实训描述**

**(write-up)**

（宋体，2号，居中，加粗）

展示主题：<u>管理环境</u>

班　　级：<u>××××</u>

组　　别：第<u>一</u>组　　第<u>1</u>小组

小组成员：成员姓名<u>×××</u>学号<u>×××</u>

成员姓名<u>×××</u>学号<u>×××</u>

成员姓名<u>×××</u>学号<u>×××</u>

指导教师：<u>×××</u>

展示时间：<u>××××</u>年<u>××</u>月<u>××</u>日

提交时间：<u>××××</u>年<u>××</u>月<u>××</u>日

（以上内容宋体，3号，下划线部分如示例）

# 附录三：管理学实训课小组排练登记表

| 班级 | 第×组 | 第×小组 | 教室 | 使用时间 | 领钥匙人签名 | 还钥匙人签名 |
|---|---|---|---|---|---|---|
| | | | | | | |
| | | | | | | |
| | | | | | | |
| | | | | | | |
| | | | | | | |
| | | | | | | |
| | | | | | | |
| | | | | | | |
| | | | | | | |
| | | | | | | |
| | | | | | | |
| | | | | | | |
| | | | | | | |
| | | | | | | |
| | | | | | | |
| | | | | | | |
| | | | | | | |
| | | | | | | |
| | | | | | | |
| | | | | | | |

# 附录四：管理学精品课——JOURNAL评分表

学生姓名：________ 分数：________ 评分员：________

(1) 能抓住主要概念（20%）：

| | | |
|---|---|---|
| 脑图能覆盖所有的理论课和实训课 | 10←5→0 | 理论课和实训课没有做脑图 |
| 脑图展示了学生对内容的理解 | 10←5→0 | 脑图不能展示学生对内容的理解 |

(2) 能显示对相关理论的熟悉程度 （20%）：

| | | |
|---|---|---|
| 能引用一些管理理论 | 10←5→0 | 管理理论缺失 |
| 理解的证据充分 | 10←5→0 | 仅有理论的重现，没有理解的迹象 |

(3) 对管理理论和概念的增值（40%）：

| | | |
|---|---|---|
| 每篇管理日志都有额外的材料 | 10←5→0 | 额外的材料缺失 |
| 这些材料每次都添加了价值 | 10←5→0 | 材料不能添加价值 |
| 理论能够用于实际 | 10←5→0 | 没有应用 |
| 这些应用能使管理理论得到进一步的理解 | 10←5→0 | 两者之间没有联系 |

（4）能有效介绍相关信息和观点（20%）：

| | | |
|---|---|---|
| 能逻辑性地展开 | 10←5→0 | 漫无目的地介绍 |
| 抓住观众的视线 | 10←5→0 | 让观众兴趣索然 |

一般评价：________________________________________

________________________________________________

________________________________________________

结论："你的 JOURNAL 能展示你学习、研究和应用管理理论的能力吗？"

很好　　较好　　一般　　较差　　很差

# 附录五：管理学——对实训课的贡献评分表

专题名称：________________

时间地点：第____组 第_____小组

第____周 第_____节 _______教室

展示所使用的材料：________________

评分员姓名：____________________

展示小组学生姓名：_____ _____ _____

缺课学生姓名：_____ _____ _____

（1）帮助和促进（30%）

| 内容表现 | 分数段 | 内容表现 | 学生1 | 分数 | 学生2 | 分数 | 学生3 | 分数 |
|---|---|---|---|---|---|---|---|---|
| 能充分准备 | 10←5→0 | 没有准备的证据 | | | | | | |
| 能使小组成员全员参加 | 10←5→0 | 缺乏参与 | | | | | | |
| 积极高效地管理小组活动 | 10←5→0 | 被动和低效 | | | | | | |

(2) 陈述(30%)

| 内容表现 | 分数段 | 内容表现 | 学生1 | 分数 | 学生2 | 分数 | 学生3 | 分数 |
|---|---|---|---|---|---|---|---|---|
| 清晰简洁地表达主要观点 | 10←5→0 | 毫无条理地漫游 | | | | | | |
| 抓住观众的注意力 | 10←5→0 | 失去观众的兴趣 | | | | | | |
| 反映小组的意见 | 10←5→0 | 曲解小组的意见 | | | | | | |

(3) 参与(40%)

| 内容表现 | 分数段 | 内容表现 | 学生1 | 分数 | 学生2 | 分数 | 学生3 | 分数 |
|---|---|---|---|---|---|---|---|---|
| 能理解相关章节的主要问题 | 10←5→0 | 没有阅读相关内容 | | | | | | |
| 能为小组贡献有益的思想 | 10←5→0 | 很安静，没有思想的贡献 | | | | | | |
| 能在别人的基础上继承和发展 | 10←5→0 | 支配小组活动并有碍别人的发展和贡献 | | | | | | |

(4) 展示小组整体评价提供证据以支持你的结论)

| | |
|---|---|
| 优 点 | |
| | |
| 不 足 | |
| | |
| 改进建议 | |
| | |

(5) 结论:"其贡献对小组学习添加了多少价值?"

| 展示小组学生姓名 | 很好 | 较好 | 一般 | 较差 | 很差 | 小组成员展示成绩 |
|---|---|---|---|---|---|---|
| | | | | | | |
| | | | | | | |
| | | | | | | |
| | | | | | | |
| | | | | | | |

# 附录六：管理学——实训课过程记录

专题名称：__________________ 评分员姓名：________

时间地点：第______组 第______小组

第______周 第______节______教室

| 组别 | 姓名 | 内容记录 | 优 | 良 | 中 | 差 | 没有参与 |
|---|---|---|---|---|---|---|---|
| 第一组 | | | | | | | |
| | | | | | | | |
| 第二组 | | | | | | | |
| | | | | | | | |
| 第三组 | | | | | | | |
| | | | | | | | |
| 第四组 | | | | | | | |
| | | | | | | | |
| 第五组 | | | | | | | |
| | | | | | | | |
| 第六组 | | | | | | | |
| | | | | | | | |
| 第七组 | | | | | | | |
| | | | | | | | |
| 第八组 | | | | | | | |
| | | | | | | | |
| 第九组 | | | | | | | |
| | | | | | | | |
| 第十组 | | | | | | | |
| | | | | | | | |

# 附录七：管理学精品课——write-up 评分表

学生姓名：________ 分数（五分制）：______
评分员姓名：________

（1）学习目标（20%）

| | | |
|---|---|---|
| 和案例的问题相关 | 10←5→0 | 和案例的问题无关 |
| 能清楚地写出学习的成果 | 10←5→0 | 没有学习成果 |

（2）内容（30%）

| | | |
|---|---|---|
| 排列有逻辑 | 10←5→0 | 没有一个清晰的思路 |
| 考虑到学生的接受能力 | 10←5→0 | 没有考虑到学生的接受能力 |
| 管理理论覆盖较全 | 10←5→0 | 没有覆盖 |

（3）学习过程/活动（30%）

| | | |
|---|---|---|
| 全程有清楚的指导说明 | 10←5→0 | 没有清楚的指导说明 |
| 能有效地设计以便取得好的学习成果 | 10←5→0 | 没有有效的设计 |
| 创造性和革新性 | 10←5→0 | 平淡 |

（4）对学习的评价（20%）

| | | |
|---|---|---|
| 能清楚地汇报 | 10←5→0 | 看不到汇报过程 |
| 能够总结学习要点 | 10←5→0 | 没有总结 |

总体评论：（提供证据以支持你的结论）

结论："此设计对类似的实训课有价值吗？"

很好　　较好　　一般　　较差　　很差

# 参考文献

[1] 姬定中. 管理学. 2 版. 北京：科学出版社，2011.

[2] 陈鹏飞. 关于管理学的 100 个故事. 南京：南京大学出版社，2009.

[3] 安尼 · 博赞. 思维导图. 北京：中信出版社，2009.

[4] 安尼 · 博赞. 启动大脑. 北京：中信出版社，2009.

[5] [美]马特尔，龙静. 管理学. 南京：南京大学出版社，2009.

[6] 邢以群. 管理学. 杭州：浙江大学出版社，2009.

[7] 王凤彬，刘松博，朱克强. 管理学教学案例精选. 上海：复旦大学出版社，2009.

[8] 周三多. 管理学. 原理与方法. 5 版. 上海：复旦大学出版社，2011.

[9] 王德中. 管理学学习指导书. 2 版. 成都：西南财经大学出版社，2009.

[10] 余敬. 管理学案例精析. 武汉：中国地质大学出版社，2006.

[11] 王波. 创新能力培训游戏经典. 北京：人民邮电出版社，2009.

[12] [英]Carmine M. Consalvo. 户外培训游戏金典. 北京：企业管理出版社，2011.

[13] 彭剑锋. 人力资源管理概论. 2 版. 上海：复旦大学出版社，2011.

[14] 余凯成. 人力资源管理. 大连：大连理工大学出版社，

2006.

[15] 杨文士. 管理学原理. 2 版. 北京：中国人民大学出版社，2004.

[16] 王荣科，吴元其. 管理学概论（修订版）. 北京：中国商业出版社，2007.